東三河地方の
笹踊りと
笹踊り歌
塚田 哲史

1. 豊津神社笹踊り宵祭り（写真撮影、宮田明里）

2. 秋里籬嶌「東海道名所図会」三州吉田天王祭（架蔵明治版「縮本石版東海道名所図会」巻之三）

3. 歌川広重「隷書東海道」吉田（写真提供、豊橋市美術博物館）

4 山本貞畳「三河国吉田名蹤綜録」(個人蔵、写真提供、豊橋市美術博物館)

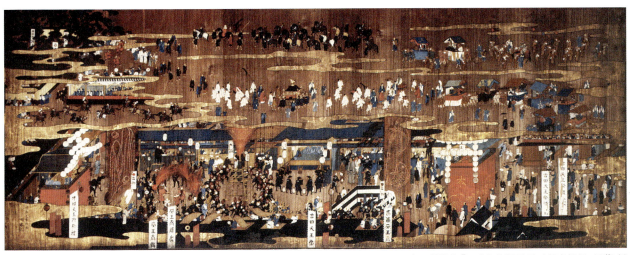

5. 吉田神社蔵「旧式祭礼図絵馬」(写真提供、須藤功)

6. 吉田神社蔵「旧式祭礼図絵馬」部分（写真提供、須藤功）

東三河地方の
笹踊りと
笹踊り歌
塚田哲史

目次

はじめに

- 8　豊橋市の笹踊り
  - 8　　1　吉田神社(豊橋市関屋町)
  - 22　　2　八所神社(豊橋市大村町)
  - 25　　3　老津神社(豊橋市老津町)
- 28　豊川市の笹踊り
  - 旧豊川市
    - 28　　4　牛久保八幡社(豊川市牛久保町)
    - 31　　5　上千両神社(豊川市千両町)
    - 35　　6　豊川進雄神社(豊川市豊川西町)
    - 39　　7　進雄神社(豊川市当古町)
  - 旧宝飯郡一宮町
    - 42　　8　進雄神社(豊川市大木町)
    - 46　　9　若宮八幡神社(豊川市上長山町)
    - 　　　10　素盞鳴神社(豊川市上長山町)
    - 　　　11　白鳥神社(豊川市上長山町)
    - 52　　12　豊津神社(豊川市豊津町)
  - 旧宝飯郡小坂井町
    - 56　　13　菟足神社(豊川市小坂井町)
    - 61　　14　若宮八幡社(豊川市伊奈町)
  - 旧宝飯郡御津町
    - 65　　15　引馬神社・八幡社(豊川市御津町)
- 72　蒲郡市の笹踊り
  - 72　　16　八剣神社・若宮神社(蒲郡市三谷町)
- 81　新城市の笹踊り
  - 81　　17　富岡天王社(新城市富岡)
  - 87　　18　富永神社(新城市宮ノ後)
  - 96　　19　石座神社(新城市大宮)
- 103　岡崎市の笹踊り
  - 103　　20　石座神社(岡崎市石原町)

108 採譜資料
　　　凡例・演唱者
110　　1　吉田神社(豊橋市関屋町)
112　　3　老津神社(豊橋市老津町)
114　　4　牛久保八幡社(豊川市牛久保町)
118　　5　上千両神社(豊川市千両町)
120　　6　豊川進雄神社(豊川市豊川西町)
125　　7　当古進雄神社(豊川市当古町)
127　　8　大木進雄神社(豊川市大木町)
130　　9　若宮八幡神社(豊川市上長山町)
131　 10　素盞鳴神社(豊川市上長山町)
132　 11　白鳥神社(豊川市上長山町)
133　 12　豊津神社(豊川市豊津町)
134　 13　菟足神社(豊川市小坂井町)
136　 14　伊奈若宮八幡社(豊川市伊奈町)
138　 15　引馬神社・八幡社(豊川市御津町)
145　 16　八剣神社・若宮神社(蒲郡市三谷町)
151　 17　富岡天王社(新城市富岡)
158　 18　富永神社(新城市宮ノ後)
160　 19　大宮石座神社(新城市大宮)
161　 20　石原石座神社(岡崎市石原町)

　　　笹踊り一覧・隠れ太鼓一覧
168　まとめ
178　参考文献・参考動画
182　協力者(ご協力してくださった方々)
183　あとがき

　　　口絵　1　豊津神社笹踊り宵祭り
　　　　　　2　秋里籬嶌「東海道名所図会」三州吉田天王祭
　　　　　　3　歌川広重「隷書東海道」吉田
　　　　　　4　山本貞晨「三河国吉田名蹤綜録」
　　　　　　5　吉田神社蔵「旧式祭礼図絵馬」
　　　　　　6　吉田神社蔵「旧式祭礼図絵馬」部分

はじめに

　本書は、東三河に19か所、西三河に1か所伝はつてゐる笹踊りの現状報告の書である。笹踊りの発祥や歴史を考察しようとする書ではない。あくまでも現状報告の書である。それも、主として笹踊り歌とその採譜といふ、極めて主観的、恣意的な観点を通して見ようと志した笹踊りの現状報告である。私の手許に笹踊りに関する史料はない。また、私が現地で聞いた限りでは、笹踊りに関する何らかの史料、資料が残るといふ地区はないらしい。もちろん何らかの史料が然るべき場所に保存されてゐながら、それを地元の、現在笹踊りに関係してゐる方々が知らないなどといふことがあるかもしれない。さうではあつても、私がそれを知らない限りは、それをもとにして何らかの考察をすることはできない。従つて、私が笹踊りについて書かうとする時、それは現状報告とならざるをえない。私にあるのは所謂フィールドワークだけである。笹踊りの歴史的な考察の書を望む方に本書は向かない。ご期待に添へない。最初に、この点をお断りしておく。

　さうは言つても、何らかの形で笹踊りの歴史の一端に触れざるを得ないこともある。その場合でも私の手許に史料、資料はない。あるのは地元の方に聞いた話と、どこにでもあると思はれる地誌、地方史、あるいは民俗芸能関連の書のみである。考察の範囲は必然的に限られる。中途半端、あるいは隔靴掻痒の感、まぬがれられぬのかもしれない。それは、たぶん、私も感じてゐることである。現状報告であるからには如何ともし難い。この点もまたお断りしておく。

　とまあ、いきなり言ひ訳がましいことを書いた。これが本書の弱いところである。それを承知のうへで、以下に各地区の笹踊りと笹踊り歌の現状を記していく。それは内容的に、以下の拙個人誌"aqua"の補筆訂正版である。

「資料　富岡の伊勢音頭」（"aqua"19号、平成9年3月）

「資料　愛知県宝飯郡一宮町の笹踊り歌」（"aqua"27号、平成12年11月）

「資料　愛知県豊川市の笹踊り歌」（"aqua"41号、平成19年10月）

「資料　愛知県宝飯郡小坂井、御馬の笹踊り歌」（"aqua"42号、平成20年5月）

「資料　愛知県蒲郡市三谷町松区ささげんじの歌」（"aqua"44号、平成21年5月）

「資料　愛知県新城市の笹踊り歌」（"aqua"58号、平成29年5月）

　以下、確認のために、最低限の知識として笹踊りの概要について記しておく。最初によく知られた小寺融吉「郷土民謡舞踊辞典」（昭和16）から「ささおどり」の項を引用する。

小寺融吉
（明治28年〔1895〕～昭和20年〔1945〕）
日本舞踊研究家、民俗学者。「日本近世舞踊史」「郷土民謡舞踊辞典」等。

　笹を持つて踊る事各地にある。豊橋市の吉田の豊川牛頭天王の笹踊は〔東海道名所図会〕で名高い。塗笠・覆面・陣羽織・籠手すね当の大太鼓一人、小太鼓二人が打ちつゝ踊り、音頭は編み笠に浴衣笹に提灯をつけたのを持つ者数十人。「天王といふ人は、何仏にて

ましす、日本一の荒神、あらふ橋本塩見坂、名所々々の花を見さいな」と唄ふ。〔民謡研究〕一ノ一に愛知県牛久保町、若宮八幡の笹踊の記事がある。（202頁）

　これは現在の吉田神社祇園祭りに関する説明である。その昔の吉田天王社の笹踊りは「東海道名所図会」（寛政9〔1797〕）巻3の「牛頭天王祠」の中で言及されてをり、小寺もこれを見て書いたであらうことは、その引用歌4章が一致することから想像できる。問題は、万が一、小寺が吉田神社の笹踊りを実見せずにこの項を記したのだとしたら、小寺の頭には一体どのやうな笹踊りがあつたのかといふことである。

　「日本名所風俗図会」巻17諸国の巻Ⅱを見る。その「東海道名所図会」三州吉田天王祭の絵に笹踊り（127頁）が描かれてゐる。饅頭配りや頼朝行列が右にあり、笹踊りは左にある。この絵の笹踊りでは、大太鼓（？）は、何と、太鼓を水平にして、つまり鼓笛隊の小太鼓式に、太鼓の皮面を上下、天地にして腰につけてゐるのである。大太鼓、小太鼓といつても、笹踊りでは、あまりにも大雑把な説明ではあるが、能の太鼓如きものだと思つていただけば良いであらうか。同じくらゐの径で胴の深い締太鼓、それに大小の差があるのである。能では台に載せて皮面を床に対してやや傾けて置く。しかし、私の知る笹踊りでは、このやうな太鼓のつけ方をしてゐるところはない。どの地区でも垂直に、つまり太鼓の皮面を左右に向けて腰につけ、鼓笛隊の大太鼓式につけてゐるのである。この絵の小太鼓（？）は普通にこのつけ方をしてゐるかに見える。笹踊りも最初の頃は、「東海道名所図会」のやうに太鼓を腰につけたのであらうか。私には本当のところは分からない。

　歌川広重の「隷書東海道」（弘化4〜嘉永4〔1847〜1851〕）の吉田は巻3のこの絵の模写と思はれる。細部を除けば構図は同じと言へる。太鼓も1人は水平に腰につけ、2人は垂直につけてゐるかに見える。小寺がこのやうな太鼓と認識してゐたのかどうか。小寺が笹踊りを実見してゐたら、学者としてこの太鼓の誤り、あるいは両者の違ひを指摘してゐさうなものなのにと思ふ。私が知らないだけであらうか。

　以上の問題はあつても、笹踊りの基本は小寺が記してゐる。踊り手3名、大太鼓1、小太鼓2、太鼓は地面に垂直の形で腰につける。ほとんどの地区は固定であるが、固定しない上長山のやうな地区もある。現在の踊り手は陣羽織をほとんど着ない。「東海道名所図会」巻3や山本貞晨「三河国吉田名蹤綜録」（文化3？〔1806〕豊橋市史々料叢書四39頁）では陣羽織を着てゐるかに見える。いつの頃からか、陣羽織を着なくなつたらしい。踊り手の笠は黒の塗り笠が多いが、編笠をかぶる地区もある。正確には覆面ではないが、顔を赤布で覆ふ。笠から布を垂らす地区もある。袴はほとんどが裁付袴である。

　踊り手は笹を持たない。笹持ちが従ふ。2名が笹を持つて笹踊りの先導したり、付き従つたりするのが基本であらう。先の「東海道名所図会」三州吉田天王祭では笹持ちが3名描かれてゐた。ところが、山本貞晨「三河国吉田名蹤綜録」には笹持ちが描かれてゐない。笹踊り

の踊り手3名、歌ひ手らしき人物多数、しかし笹持ちはゐない。また、吉田神社蔵の「江戸時代の祇園祭の情景を上下に分けて描い」(須藤功「大絵馬ものがたり」4祭日の情景50～51頁)た大絵馬「旧式祭礼図」(明治23〔1890〕)にも、上下2か所で描かれる笹踊りに笹持ちは描かれてゐない。省略されたのか、ゐなかつたのか。現状からすると、江戸も終はり近くなると、笹持ちはゐなくなつてゐたのかと思ふ。広重も貞晨も描く饅頭配りの笹持ちは現在も同行してゐる。しかし、笹踊りの笹持ちはゐない。たとへ小笹持ち多数であれ、笹踊りに笹持ちは必ず従ふと思つてゐる人間にはいささか驚かれる状況である。ただし、小太鼓を出す萱町等の各会所には笹が飾られてゐる。これがその名残であるのかもしれない。

　笹踊り歌の歌ひ手は多数、若い衆、青年が中心である。これをケーゴ(警固・警護)と呼ぶ地区が多い。現在の吉田神社では浴衣の何人かが付き添ふが、笹踊り歌が失はれたと思しき吉田神社ゆゑに、これらの数人は歌ひ手ではない。江戸の絵画資料では歌ひ手と思しき人々はいづれも編笠をかぶつてゐる。笠に浴衣(？)、これが江戸の笹踊りの歌ひ手の基本的な姿であらう。異装ではなく、当時の普段着姿であらうか。萱町の中島祥次氏によれば、萱町では笹踊り歌が歌はれなくなつてからも、しばらくは編笠を肩にかけてをり、それもいつしか身につけることもなくなつて現在に至るといふ。現在は浴衣(？)よりも法被姿の地区の方が多いが、法被では笠をほとんどかぶらない。

　以上から、笹踊りは、大太鼓1名と小太鼓2名の計3名の踊り手に、笹持ちと笹踊り歌の歌ひ手がつき従ふのを基本とすると言へるのではないか。ただし、笹踊りは笹踊り歌によつて踊るわけではない。現在は笹踊り歌が歌はれなくなつた地区もある。踊りに歌は必要不可欠ではない。以上が基本である。

　なぜ笹なのかといふ問題は残るが、「笹を持つて踊る事各地にある。」その一つとして、吉田天王社、現吉田神社の笹踊り、更には東三河の笹踊りもある。そしてそれは、芸能史的には、そのゲニモサーヨー等のはやし言葉から、「笹踊りは、中世から近世初頭にかけて中央で流行つたと考へられてゐる、囃子物風流の一つであることが裏付けられよう。つまり、近畿地方に分布するサンヤレ踊りやケンケト踊りなどと、同系統の芸能なのである。」(鬼頭秀明「東三河における祭礼風流の諸相－神幸祭と風流－」〔「愛知県史民俗調査報告書6」渥美・東三河[平成15年]所収])といふことになる。本書ではそれらの笹踊りを拙個人誌"aqua"に準ずる形で、ほぼ地区別に記していく。

　本書もまた拙個人誌同様に横組みである。引用も横組みとしたが、その時、例へば繰り返しのくの字点等をきちんと表示できなくなつたりする。それらは「／」で代用したりした。また、仮名遣ひはそのままにしたが、所謂旧字体は新字体に改めるのを原則とした。以上、御海容を乞ふ。

　なほ、本書では笹踊り歌の音階等の説明中でドイツ式の音名表記を用ゐた。英語と日本語の音名との対照を示せば以下の如くである。日本音名でいふ一点ハ、二点ハの類のオク

タブ表記はしてゐない。採譜が実音表記ではないので、上の、下のといふ相対的な言ひ方、音高表示で十分に事足りると思はれるからである。

　また、音階は律音階、民謡音階、都節音階の3種である。そのテトラコルドを以下に記す。四度音程の中に中間音が一つ入るテトラコルドが二つ重なって、あるいは続いて一つの音階となる。この考へ方からすれば、琉球音階も中間音の位置が違ふだけで、核音は律音階や都節音階と同じ音である。民謡音階は核音が二度高くなる。音階一覧はハ長調で記してある。他の調の場合はそれに従つて核音の位置も上下する。

テトラコルド
完全4度をなす核音の中に1音の中間音が入る。日本の音階の基本となる。小泉文夫の考へによる。

音名一覧（独英日）

日本の音階一覧

豊橋市の笹踊り

　豊橋市の笹踊りは、その発祥の地である関屋町の吉田神社と、豊川のそのほぼ対岸に当たる大村町の八所神社、そして他の笹踊りとは離れてゐるのみならず、豊川の流域からも離れた豊橋市南部、渥美半島の付け根に当たる老津町とにある。大村と老津は両所とも新しく、昭和に入つてから吉田神社から笹踊りが伝はつたと言はれてゐる。豊橋市の笹踊りを例へて言へば、吉田神社が親で、大村、老津が直系の子、それも末つ子2兄弟といふ関係にならう。

1
御旅所
新本町素盞嗚神社
小太鼓の位置替へ
平成 29 年

1 吉田神社（豊橋市関屋町）

　吉田神社は「もと天王社・牛頭天王社、また吉田天王社といひ、創立年代は判然としないが、社伝によれば治承二年(一一七八)源頼朝が雲谷普門寺に在宿の折、祈願のため名代鈴木十郎元利を参拝させ、さらに文治二年(一一八六)には石田次郎為久の代参あり、頼朝の崇敬はことに篤かったといわれ」(「豊橋市史」第1巻507頁)る。頼朝行列の行はれる所以である。「また一説に、天治元年(一一二四)の創立ともいう。この年は、京都祇園社において六月十五日に臨時祭が復活、以後慣行された年であり、このころ祇園社の勧請が各地に行われたので、この説が出たのであろう。」(同前)いづれにしても、吉田神社は12世紀には創建されてゐたらしい。

　例祭は花火で有名な祇園祭である。「三州吉田の天王まつりは六月十五日。今夜の花火天下第一と称す。」(「日本随筆大成」第1巻)とは滝沢馬琴「羇旅漫録」(享和3〔1803〕刊)十八「吉田の花火」の書き出しである。当時の吉田天王社の祭礼はこれほど花火で有名であつた。「豊橋市史」第2巻の祇園祭(972～977頁)を見ても、記述の半分は夏目可敬「三河国名所図会」を引用しながらの花火の説明である。馬琴は花火の後に次のやうに記す。

十五日よし田五ヶの寺院より飾山を出す。至てさとびて古雅なり。十四五の童頼朝に扮て。金の立烏帽子直垂太刀を佩く馬上なり。頼朝の乳母といふものあり。綿帽子緋のはかま馬上これにしたがふ。また十六人の殿原とて。柿の素袍にかけ烏帽子これにしたがふ。城内にて走馬あり。中に重忠と名告るものあり。此左右にあみ笠浴衣を被たるもの二人まんぢうを數百ふくろに入れ。これを笹にゆひつけてこれにしたがふ。かの重忠は騎射笠錦の陣羽織脊に幣をさし領主の桟鋪の何にいたり。馬上にて禮をなして。ふくろのまんぢうを投ぐる。これにあたるを吉事とす。また笹をどりといふあり。大太鼓一人。小太鼓二人同衣裳にぬりかさをいたゞき。覆面し。にしきの陣羽織小手脚當なり。はやしあみがさゆかたを着しさゝに挑ちんをつけて同音にうたふ。
「天王は何佛にてまします日本一のあら神あらゐるはし本鹽見坂名所名所のはなを見さいな」これをくりかへしうたふなり。(日本随筆大成第1巻154～155頁)

明治の神仏分離で廃された飾り山に続いて、神輿渡御の頼朝行列について記し、更に饅頭配りや笹踊りについても記してゐる。「豊橋市史」も同様である。これは、今も昔も、三河吉田の天王社の祭礼は花火が関心の中心だといふことを示してゐる。「天王社の花火は、元禄年間(一六八八～一七〇四)より全国に知られるようになった。享和年間(一七一六～三六)の『東海道千里之友』(松井嘉久著)、寛政九年(一七九七)の『東海道名所図会』(秋里籬島著)に紹介され、さらに『羇旅漫録』(滝沢馬琴著)においては」(「豊橋市史」第2巻975頁)といふわけである。

秋里籬嶌
(生没年不詳)
京都の人、安永から文政期に多くの名所風俗図絵を著す。「都名所図会」「東海道名所図会」等。

しかし、それでは終はらないのが祭礼である。馬琴は神輿渡御の詳細を記してゐない。「豊橋市史」第2巻によれば、それは以下の如くであつた。

神幸行列の先頭は飾鉾・獅子飾鉾・湯立飾鉾のほか、市内の六か寺から出された飾鉾が続く。飾鉾の後に軍配団扇・鼻高・獅子頭が続き、次が神輿である。神輿の後衛として笹踊が続く。大太鼓一人、小太鼓二人によって構成され、服装は金襴の陣羽織に裁着袴をはき、頭には貼金の塗り笠を頂き、緋縮緬の覆面をする。太鼓を打ちながら身体をくねらせ、飛び違いなどして踊る様は、古雅な動きの中に勇壮な躍動の美を見せる。この時、派手な浴衣に編笠をつけた囃方大勢は、笹踊歌をうたう。(975頁)

この後に頼朝行列と饅頭配りが続く。それでも、ここには馬琴の「はやしあみがさゆかたを着しさゝに挑ちんをつけて」の記述がない。笹踊り歌の歌ひ手の中に笹持ちがゐたのかどうか。単に記述が省略されただけかもしれない。

実際、「東海道名所図会」巻之三(「日本名所風俗図会」17 諸国の巻Ⅱ127頁)の「三州吉田天王祭」と題された絵には笹持ちが3人描かれてをり、本文に「笹に提燈をゆひ付けて」(同

前)とある。この絵には「駿府鬼卵写」とある。これが栗杖亭鬼卵(大須賀鬼卵、文政6〔1823〕没)ならば遠江国日坂(現掛川市)の人である。この人、「大坂から安永8(1779)年には三河国(愛知県)吉田に移り」(コトバンク版「朝日日本歴史人物事典」による。)、その後、更に駿府、日坂に移つたといふ。「東海道名所図会」所載の絵は、鬼卵が吉田在住時に見た、いつの頃かの古い絵の模写であらうか。

　ところが、文化年間初頭あたり成立の山本貞晨「三河国吉田名蹟綜録」(豊橋市史々料叢書四)を見ると、神輿渡御の行列中(30～49頁)に笹持ちはゐない。明治23年(1890)に江戸時代の天王社祭礼の様子を古老から聞いて描いたといふ、吉田神社所蔵の絵馬「祇園祭図」(須藤功「大絵馬ものがたり」4祭日の情景50～51頁、吉田神社では「旧式祭礼図」と呼称する。)には、上段宵祭り、下段本祭りの2か所で笹踊りが描かれてゐるが、ここにも笹持ちらしき人物は見えない。ただし、「笹躍」と書かれた提灯持ちは2人見える。笹持ちは私自身も見た覚えがないので萱町と指笠町の人に尋ねると、さういふのは知らないと言はれた。ずつと以前から見たことも、聞いたこともないさうである。つまり、吉田天王社では江戸の笹踊りが始まつた頃はいざ知らず、文化頃には笹持ちはゐなくなつてゐるらしい。これは馬琴の見た頃には笹持ちがゐたといふことを意味するのかどうか。「東海道名所図会」の吉田天王祭の絵も馬琴の「羇旅漫録」の記述も信用できるといふ前提あつてのことである。

　現在、萱町の会所等には笹が飾つてある。あれは、もしかしたら、その昔の笹持ちの名残であらうかと思つてみたりする。とまれ、現在は鉾がなくなつてゐるものの、神輿渡御については江戸時代とあまり変はつてゐないやうに見える。

　とはいふものの、現在は笹踊り歌が歌はれてゐないのである。ここはすつぽり抜け落ちてゐる。では、吉田神社の笹踊り歌が歌はれなくなつたのはいつ頃か。これははつきりしたことは分からないのだが、昭和20年代にはからうじて歌はれてゐるらしく、30年代に入つて歌はれなくなつたらしい。指導するお年寄りも歌へる人もゐなくなつてといふことであるらしい。間宮照子「三河の笹踊り」にかうある。

立派な衣裳を有し、師匠にも恵まれているが町の関心がないため、すたれゆくのは遠くないとの事、非常に残念である。(『民族芸能』33号54頁)

これは笹踊りのことを言つてゐるらしい。笹踊り歌も含めてであらうと思ふが、特に笹踊り歌とは断つてゐない。この論文は昭和43年に発表された。私の聞いた話の時期より後になる。この頃、笹踊り歌は消えて久しく、笹踊り自体も「町の関心がないため」に消えかかつてゐたのであらうか。それを乗り越えてといふことにならうか、笹踊りは現在まで続いてゐる。笹踊り歌は指導者と歌ひ手の消滅によつて消えてしまつた。笹踊りもまた、東

山本貞晨
(安永4〔1775〕頃～文政4〔1821〕)
下地の東海道筋の商家に生まれる。郷土史家、狂歌人。「三河国吉田名蹟綜録」「羽田名蹟綜録」等。

京五輪後の民俗激変期の波に飲み込まれんとしたらしい。

　笹踊り歌に関して、先日、萱町と指笠町の会所に行つた。そこで上記のやうな話を聞いたのだが、同時に、もしかしたらまだ歌へる人がゐるかもしれないとも聞いた。かなり以前、小学生が笹踊り歌を教へてもらつてゐたとも聞いた。早速、このあたりを尋ねたのだが、結果はやはり、歌は残つてゐない、録音も無い、歌へる人もゐないといふことであつた。これでほぼ完全に、吉田神社祇園祭の笹踊り歌の採譜はできないと決したやうである。

　笹踊りは大人と子供がある。同じ衣裳、同じ踊りである。大太鼓は指笠町が出し、小太鼓は萱町が出す。大人は年齢不問であるらしい。実際には青年が多いが、平成29年の大太鼓は御年53、これまでの最高齢者であつたといふ。年齢の問題は、吉田神社の場合、あちこちでよく聞く少子高齢化で云々といふ事情ではないやうで、昔から希望があれば年齢に関係なく踊り手になつたといふ。子供は小学生である。大太鼓は低学年では持て余すのでほとんど高学年であるといふが、小太鼓は必ずしもさうではないらしい。子供の踊りは新しいものではないらしく、廣田弘「東三河における祇園信仰と神事芸能」に、「幕末より明治初年には、子供笹踊といい、将来踊手となる素地を作るため、十二日に社参し、踊の稽古をかねた行事もあった。」(柴田晴廣「牛久保の若葉祭」223頁より再引用)とある。一度途切れてまた始まつたといふことであらうか。現在の長老クラスの方の中にも、子供の頃に踊つたといふ人がゐるほどであるから、途切れてゐたとしても、確かに古くから続いてゐるらしい。

　子供の笹踊りが現在の祇園祭の始まりになるのであらうか。木曜日の午後にある。大太鼓は衣裳を着けて萱町に移動する。午後3時に萱町会所出発である。出発時に一踊り、以後は道中の途中で、各町の会所と関係二町の神役(じんやく)(笹踊りの踊り手)、氏子総代、町総代の家等にヒネリコミで一踊りしつつ吉田神社に向かふ。午後5時頃、神社に着くと最後の一踊りがあつて、この日の子供の笹踊りは終はる。

　この子供の笹踊り、以前は吉田神社祇園祭の公式ホームページやポスターに書かれてゐなかつたが、最近になつて書かれるやうになつた。やはり日程的に正式行事ではないのであらうか。

　翌金曜日は手筒花火、土曜日は打揚げ花火で、笹踊りの出番はない。江戸の昔からの花火祭りの伝統を確認できる。

　最後の日曜日、本祭りである。午後5時に神輿渡御の行列が神社を出発する。出発前に一踊りした後、前記のやうな順番で、笹踊りは神輿の後につく。ただし、途中で子供の時と同様に会所等で踊りつつ、御旅所の新本町素盞嗚神社に向かふ。従つて、笹踊りは神輿にかなり遅れての御旅所到着である。ここはかつて御輿休天王社(みこしやすみ)、通称横町(よこまち)の天王様と呼ばれた神社である。現在は専ら輪くぐりのお宮として知られてゐる。着くと一踊り、その後神事、終了後は吉田神社に帰る行列が続き、吉田神社拝殿前で最後の一踊りである。

笹踊りの衣裳は、大太鼓は金地塗り笠、小太鼓は中高の金地塗り笠、それぞれに太い赤の紐飾り、袖に黒飾り付き菊花の（小太鼓のみ）朱の上衣、裁付袴である。顔はマエダレ（前垂れ）といふ赤布で隠す。ここのマエダレは長い。太鼓も隠してしまふ。細部に大太鼓、小太鼓の衣裳の差はあるが、他所の人間には、笠等の明らかな違ひ以外は分からない。

　踊りは以下の如くである。右手から打ち始め、小太鼓七打しつつ前進、小太鼓止まつて三打、腰を下げる。大太鼓二打、小太鼓六打しつつ前進、小太鼓腰を下げる。小太鼓三打しつつ前進。門口で大太鼓一打、小太鼓左右位置替へ（Ａ）。大太鼓一打して小太鼓の間を跳んで抜け（Ｂ）、抜けてから一打。反転、3人前進。小太鼓六打して腰を下げ大太鼓一打、小太鼓三打して腰を下げ大太鼓一打。以上には「身体をくねらせ」る所作も含まれるのだが、ここでは明記してゐない。ポイントは、小太鼓の左右の位置替え（Ａ）の後に大太鼓が小太鼓の間を抜ける（Ｂ）といふ一連の動きである。これがすべての笹踊りを考へる時の基本になると私は考へる。

　最後に吉田天王社の笹踊り歌の詞章を記す。ここに含まれる詞章を元とする類歌が多くの神社に見られる。

　吉田天王社、吉田神社の笹踊り歌の詞章は大量に残されてゐる。当然、重なる詞章は多い。ここではそれらの中から、最も古いらしい詞章の長尾文書、明治、大正の「俚謡集」所収詞章、そして萱町の、言はば現場の詞章集から一つを載せる。長尾文書と萱町印行文書は倉光設人「三河の笹踊」中神歌篇笹踊神歌集初句索引類歌からの転載である。なほ、繰り返しのくの字点が横書きゆゑに使へない。スラッシュで代用しておく。御海容を乞ふ。

長尾文書　正保2年（1645）

天王へ参りたれば福の神をたアもつた
鶯が櫻の枝に巣をかけてゆられて花のちるおしさよヤンヨウ神をやんよふよ
奈良の都の八重櫻ヤア奈良の都の八重櫻たつてはしれば志賀の都名所よ志賀の都
時鳥深山渡りをする時はヤア卯月に渡れほとゝぎす里へ下ればさへずるなるらんヤンヨウ
秋野のさほ鹿恋にこそやつれよ秋こそ虫がさらり／＼とヤンヨウ神をやんよふよ
鹿の啼音に夢さめて秋は心すごいよ秋は心すごいよ
各御幣をさしあげて祈る／＼感應なるらんヤンヨウ神をやんよふよ
熊野なる入江の奥のなぎの葉よ参りの人の祝ひなるらんヤンヨウ神をやんよふよ
駿河なる富士の高根は名所かな富士の高ねにすながれてながれもやらぬ浮嶋が原神をやんよふよ
いざゝらばほんの原名所の花をなんがめるサアゲニモサアヨ
橋本の千本松は西東の名所よ沖の白浪見おろせば塩見坂名所よ／＼

ひめ嶋をさし出てみれば笠嶋よ沖こぐ舩に袖ぬらすぬれてさゝらすろふ〵〳

　　　　　（倉光設人「三河の笹踊」神歌篇笹踊神歌集初句索引類歌 11 〜 13 頁）

俚謡集

○三河なる今子の橋をいさやとゞ詠しとうちわたり、おもふ人わたられよ。
○衆生利益のためにとて、此處へ天くだらせ、君をまもり給ふよ、君を守り給ふよ。
○青玉と申するは、たふとい国の神に、さーけにもさーよ。
○太子文殊をおむとて、やー〵〳とふりてんえあがまれよ〵〳。
○おのゝ御ふいを差上らゝ、のる〵〳とかんのになるらん。やんよく神をやんよふよ。
○熊野なる入江の奥の梛(なぎ)の葉よ、参りの人のいはひなるらん。やんよう神をやんよふよ。
○天王の御ほぞん(本尊)は、何ほとけ(佛)にまします。さーにもさーよ。
○薬師のなに神あらはれ給ふ。神々さーけにもさーよ
○天王に参りたれば、福の神をたーもった。さーけにもさーよ。
○さるに此處に申するは、めでたからうならうよ。たのしからうすらうよ。
○青柳のよ、絲をくり、くりためて、はたをふるもよ、ふよもよに。
○鶯が櫻の枝よりすをかけそ、ゆられて花のちるのとしさよ。やんよう神をやんよふよ。
○いざさらば、との原名所の花をなんがめる。さーけにもさーよ。
○奈良の都の八重櫻、やー〵〳、たつたむし、此處は志賀の都名所よ、〵〳。
○時鳥深山渡りをする時は、卯月さ渡し、郭公里へ下れば、さへづるなるらん。やんよう神をやんよふよ。
○秋の野の老よ鹿恋にこそやすれよ、秋こそ虫がさらり〵〳と。やんよう神をやんよふよ。
○駿河なる富士の高ねは名所かな。富士の高ねはすなかれに、くながれもやらぬ浮崎が原。やんよう神をやんよふよ。
○橋本の千本松は西東の名所よ。おきが白浪、見おろせば塩見坂名所よ、〵〳。
○姫島を差出て見れば笠島よ。おきこぐ舟に袖ぬらす。ぬれてさらすらう、〵〳。
○天王と申するはー、日本一のあーら神だ。あらいはーしもとのしほみざかー。
○名所なり、かーらけだんごが、みーつあるー。さーえーもー、やーかがしやー、そーらはんかー、いんにやまんだーそーらはんー。となりのばーばー、しやーらくさい。ふふらふん。
○七草なづさ、唐土の鳥が、日本の土地へ、渡らぬ前(さき)に、ほとほとほと。
（文部省文芸委員会編「俚謡集」〔三一書房復刻版〕226 〜 227 頁。高野辰之編「日本歌謡集成」巻十二近世編 241 〜 242 頁にも載る。）

萱町印行

天王の御本尊は何佛にてましますぞサアゲニモサアヨ
天王へ参たれば福の神をたアもったサアゲニモサアヨ
天王へ参たれば笹だんごたアもったサアゲニモサアヨ
三河なる今子橋をいざやとどろ／＼と打渡り思ふ人渡れよ思ふ人渡れよ
弘法は何の為に天へ上るよ衆生利益の為にとて此所へ天下らせ君を守りたまふよ君を守りたまふよ
鶯が櫻の枝に巣をかけてゆられて花の散るをしさよヤンヨウ神をヤンヨフよ
奈良の都の八重櫻ヤア奈良の都の八重櫻たつとはしれば志賀の都名所よ志賀の都名所よ
時鳥深山渡りをする時はヤア卯月に渡れ時鳥里へ下ればさへずるなるらんヤンヨウ神をヤンヨフよ
秋野のさほ鹿恋にこそやつれよ秋こそ虫がサラリ／＼とヤンヨウ神をヤンヨフよ
鹿の啼音に夢さめて秋は心すごいよ秋は心すごいよ
聖王と申するは唐土の国の神々サアゲニモサアヨ
太子文殊拝むとてヤア切利天へ上れよ切利天へ上れよ
各御幣を差上て祈る感應なるらんヤンヨウ神ヲヤンヨフよ
さるに此所と申するはめでたからふよすろふ楽しからふすろふよ
熊野なる入江の奥の梛の葉よ参りの人の祝なるらんヤンヨウ神をヤンヨフよ
斎籬に建る榊葉よ神のしるしなるらんヤンヨウ神をヤンヨフよ
駿河なる富士の高根は名所かな富士の高根にすながれて流れもやらぬ浮嶋が原ヤンヨウ神をヤンヨフよ
青柳の糸をくり／＼ためてはたをへるもよふよもよふよ
橋本の千本松は西東の名所よ沖の白浪を見下せば塩見坂名所よ塩見坂名所よ
姫嶋をさし出て見れば笠嶋よ沖こぐ舩に袖ぬらすぬれてささらすらふすらふ
いざさら／＼ばほんの原名所の花をなんがめるサアゲニモサアヨ
薬師の十二神とあらわれたの神／＼サアゲニモサアヨ

(刊年等記載無し。倉光設人「三河の笹踊」中神歌篇笹踊神歌集初句索引類歌43～48頁)

以上に、吉田天王社、吉田神社の笹踊り歌のすべてが含まれるわけではないが、しかし、その大半はここにあるはずである。これらは基本的に不定形の短章の集まりである。はやし言葉は長尾文書では、サアゲニモサアヨとヤンヨウ、ヤンヨーガミヲヤンヨーヨ（ヤンヨウ神をやんよふよ）である。他の2種も、といふより、残されてゐる笹踊り歌全体を見ても似たやうなものである。

　ヤンヨーガミについては倉光設人「三河の笹踊」上神歌篇囃子言葉資料16頁に茨城県

西部祇園祭としてヤンヨーカミを載せるのだが、現時点で私はこれを確認できてゐない。はやし言葉を多く載せる畠山兼人「民謡新辞典」にもヤンヨーガミの類は出てこない。サアゲニモサアヨは狂言歌謡からの流用(倉光前掲書51頁～、鬼頭秀明「東三河における祭礼風流の諸相 - 神幸祭と風流 -」〔「愛知県史民俗調査報告書6」渥美・東三河224頁〕)と思はれる。例へば大蔵流の「末広がり」傘の小唄は以下の如くである。

　　かさをさすなる春日山、かさをさすなる春日山、これも神の誓いとて、人がかさをさすなら、我もかさをさそうよ。げにもさあり、やようがりもさうよの、やようがりもさうよの。(「日本古典文学大系」42 狂言集上 59 ～ 60頁)

「げにもさあり、やようがりもさうよの」は「実にも左あり。やよ、実にも左右よの。」である。「確かにさうです、やあ、確かにさうなんですよ」といふやうな意味である。笹踊りでは、はやし言葉でその詞章の内容を肯定してさうだ、さうだと言つてゐるといふ感じで、サアゲニモサアヨの類が使はれてゐるのである。

　詞章を見る。第1の長尾文書には正保2年とある。1645年である。この年に指笠町が太鼓を新調したとの記録が残る。詳細は柴田晴廣「牛久保の若葉祭」を見ていただきたいが、結論だけ書けば、これは宝永2年の誤記であるらしい(39頁)。干支一巡後の1705年である。正保2年には笹踊りが行はれた形跡がないらしいから、笹踊り歌もやはり宝永の頃の作とならうか。柴田氏は、笹踊りは朝鮮通信使の影響で始まったと考へてをられる(40頁)。これと矛盾しない。いづれにせよ、長尾文書は笹踊りの始まった頃の詞章として貴重である。

　それに対して、文部省文芸委員会編「俚謡集」はある程度の期間が経過した時点での詞章である。「俚謡集」は大正3年(1914)の刊行であるが、「明治三十年代の終はりから四十年代の始にかけて、真の俚謡編輯事業が文部省の手に於て企てられ、遂に集成の功を挙げて」(高野辰之編「日本歌謡集成」巻十二近世編1頁)なった。それが本書である。明治末、笹踊り成立後ほぼ200年の詞章である。ここには一部で誤字、脱字が見られ、最後から2番目「名所なり」で始まる詞章のその「名所なり」が、実はその前の「あらいはーしもとのしほみざかー」の最終句であるべきものであるなどといふまちがひもある。しかし、ここではそれらは訂正せずにそのままにしてある。これらの詞章は文化年間成立の山本貞晨「三河国吉田名蹤綜録」所載詞章にほぼ同じである。それゆゑに、「俚謡集」が「三河国吉田名蹤綜録」所載詞章の一部をまちがへて転載した可能性もある。しかし、今はほぼ100年前の詞章が「俚謡集」だとしておく。ただし、大きな違ひは、「三河国吉田名蹤綜録」8番目の「井垣にたつる榊葉よ何のしるしなるらんやんよふ神をやんよふよ」が「俚謡集」にはなく、逆に「俚謡集」の最後の2章が「三河国吉田名蹤綜録」にはないことである。

　最後の2章、笹踊り歌としては極めて珍しい。異例である。何かのまちがひでここに紛

高野辰之
(明治9〔1876〕～昭和22〔1947〕)
国文学者、作詞家。「日本歌謡集成」全12巻「日本歌謡史」他。

れ込んだのではないかと思ふのだが、高野辰之もこれをそのまま転載してゐるからには、提出された資料を疑はねばならぬやうなことはなかつたのであらう。いや、中央の人間には地方の現場の事情など分かるはずもないといふのが正確なところかもしれない。それにしてもこの2つの詞章、実際に笹踊り歌として歌はれたのだとしたら、ほんの気まぐれに歌つたのが記録されて残つてしまつたとでもいふべきものかもしれないと思ふ。

　最後の詞章は七草の歌である。普通はわらべ歌の歳事歌とされる。ここに載る詞章も正にそれで、最後のはやし言葉が「ほとほとほと」となつてゐる。この部分、大きくホトホト系とトントコトントコトントコショ等となるトントコ系に分かれる。手許の豊橋市教育会編「郷土教育資料」(昭和7)に載る一種はホトホト系、他は不明、また、同じく豊橋市教育会編「豊橋の年中行事」(昭和10)にはホトホト系が載る。東三河ではホトホト系が多かつたやうな気がするが、さうであるならば、いや、さうでなくとも典型的な七草の歌である。

　その前の「かーらけだんご」は節分の歌であるから、やはりわらべ歌の歳事歌となる。ヤーカンガシといふ方言は、「日本方言大辞典」にはヤカガシ(下巻2428頁)とかヤッカガシ(同2445頁)で出てくるが、ヤイカガシ(同2424頁)を見よとある。ヤイカガシは例の、節分に鰯の頭とヒイラギを門口に挿す習俗をいふ。他のいくつかも、基本はこれに関連する意味である。「日本方言大辞典」を見る限り、愛知県では見られない方言のやうである。しかし、私の手元にある方言書では、中西立始編「吉田ツ子速成　豊橋訛考」にヤーカンガシが出てくる。これは大正12年1月から5月にかけて、当時の東三河地方紙『参陽新報』に法の字の筆名で連載された方言のコラムを、市内在住の中西立始氏が昭和61年に一本にまとめたものである。以下にその「やアかんがし」を引用する。

東三地方では節分の事を『やアかんがし』と云ふ。節分の夜は子供達が群をなして各戸を訪れ豆撒きの豆を拾ふのである。其時路上を合唱して行く唄に、『やアかんがアしやアそうらんか。いんやまんだアそうらんよ。隣の婆さアしやアらくさい。』
と云ふのである。此唄は子供達の片言に持ち崩されたので鳥渡(ちよっと)意味が取り悪くなつてゐるが多分恁(か)うである。
『箭案山子(やかゞし)は候はぬか。イヤ未だ候はず。隣の婆様(ばゞさま)洒落臭(しやらくさ)い。』蓋し、箭案山子は節分の意味で今は町家では殆ど行はないが以前門口へ、弓矢番(つが)へた案山子を立て、鬼を脅したものだ。それで箭案山子が節分の代名詞となつて居た。そこで『イヤ未だ候はず。』と時代風に答へた隣の婆さんは洒落てゐると云ふ一の場面を問答評の三句に纏めて唄つたものらしい。(22～23頁)

先の「郷土教育資料」には2月の行事の節分の中に、「年越しと云ふ。この日は家の表口、裏口といはず、出入口のあるところには悪魔除けとして鰯の頭、柊、とつぺらを挿す。その時、

『やあががしは通らんか』と云ふのである。」(121頁)とある。「老津村史」には、「エーカガシハ、ソウラツタカ、インニヤマダソウラハヌ、トナリノババサ、シヤーラクサイ」と唱へた(533頁)とある。これらは「日本方言大辞典」の意味である。いづれにせよ、この詞章は節分の歳事歌である。ただし、最初の「かーらけだんごが、みーつあるー。」が分からない。別の歳事歌が紛れ込んだのかどうか。土器団子三つならば盆行事等の仏事かとも思ふのだが……。

　最後の萱町印行詞章は、その刊行年等不明である。ただ、倉光は資料を成立年代順に並べてゐるやうなので、「俚謡集」の次に置かれるこの資料は大正以降の笹踊り歌を載せてゐるのかと思ふ。さうだとすれば「俚謡集」の10年か20年後といふあたりであらうか。笹踊り歌は萱町が歌つたといふ。笹踊りを出す二町といつても、歌は萱町だけで、指笠町は歌はなかつた。それゆゑに、指笠町印行文書はない。萱町印行詞章は現場のテキストだつたのである。

　なほ、後に、これとほぼ同じ内容の詞章を白井一二(俳名麦生)氏が印行してゐる(倉光設人「三河の笹踊」中神歌篇笹踊神歌初句索引類歌51～56頁)。この方は古書、古美術店主で俳人としても名高く、郷土史にも造詣の深い方であつた。萱町在ではなかつたが、近隣であつたのでこれを印行したのであらう。ただ、これもまた刊行年等不明である。倉光は他に2種の萱町印行詞章を載せるが、詞章の順番、字句の違ひ等の小異はあつても、内容的にはほとんど違はない。そこでこの最初のをここに載せておく。

　以上も含めて、それぞれの笹踊り歌の類歌は、実は、倉光設人「三河の笹踊」中神歌篇笹踊神歌初句索引類歌にかなり収められてゐる。倉光は「俚謡集」「日本歌謡集成」等の歌謡資料や歌謡研究書を博捜したらしい。この手稿本にあるのがすべてかどうかは分からない。しかし、倉光の見てゐない他の書からなどと考へたら、倉光当時より公刊されてゐる短歌や歌謡資料がかなり多くなつてゐる現在、類歌探しがいつまでかかるか知れない。そこで、ここではとりあへず、倉光の示す類歌を元に、吉田天王社分を簡単に見ておく。

長尾文書1番「天王へ参りたれば福の神をたァもった」の類歌には中国地方の田歌が並ぶ。その最初の詞章、これが最も端的でこの類歌らしく思はれる。
廣島縣神石郡の田植歌
いづもでは、ヤンーハーレー、きーづきさーまーに参るにーは、ヤンーハーレー。「まーゐるには、ヤンーハーレー、ごーふくー(御福)をたーもれーとをーがむなり。(文部省文芸委員会編「俚謡集」〔三一書房復刻版〕414頁。)
長尾文書2番「鶯が櫻の枝に巣をかけてゆられて花のちるおしさよヤンヨウ神をやんよふよ」には2系統の詞章が類歌として載る。その最後の1章、
豊後国小原木踏舞　鶯

鶯が。梅の古木に。巣をくみて。花の散るのが面白い。ヒンヤ鶯踊を。踊らうや。（大和田建樹編「日本歌謡類聚」下巻251頁）

長尾文書7番「各御幣をさしあげて祈る／＼感應なるらんヤンヨウ神をやんよふよ」の類歌として鹿持雅澄「巷謠篇」の次の1章がある。土佐国である。

高岡郡多野郷十一箇村總鎮守加茂大明神御神役歌囃子

各御幣を指上げて、祈る／＼はかもふなりやそよそよ（「日本歌謡集成」巻七近世編423頁）

長尾文書8番「熊野なる入江の奥のなぎの葉よ参りの人の祝ひなるらんヤンヨウ神をやんよふよ」の類歌は神楽系の詞章が並ぶ。ここでは花祭の1章を記す。

熊野山切目が森のなぎの葉をかざしに挿して御前まゐるる（早川孝太郎「花祭」前篇〔早川孝太郎全集第1巻309頁〕）

長尾文書9番「駿河なる富士の高根は名所かな富士の高ねにすながれてながれもやらぬ浮嶋が原神をやんよふよ」には幸若舞の詞章が載る。

浮嶋が原よりも富士の高根を見あぐれば時しらぬ雪の花鹿子斑にふりなして（古写本）

俚謡集11番「青柳のよ、絲をくり、くりためて、はたをふるもよ、ふよもよをに。」の類歌として全7章が載る。その中で最も類歌らしいのはこれであらうか。

番楽権現舞上げものゝほめ歌　糸

あをやきの糸よりさけてよりさけてよりさけたりや青やきの糸（本田安次「山伏神楽・番楽」）

俚謡集13番「いざさらば、とんの原名所の花をなんがめる。さーけにもさーよ。」の類歌も「巷謠篇」から、先の「各御幣を」の類歌の前の詞章である。

土佐国高岡郡多野郷十一箇村總鎮守加茂大明神御役歌囃子

いざやさらばとのばら、賀茂の宮へ参りて、神のみゆきををがまん、実もさり／＼（「日本歌謡集成」巻七近世編423頁）

俚謡集20番、その前半部「天王と申するはー、日本一のあーら神だー。」の類歌、他にも関係ありさうな詞章である。

越後国頸城郡一ノ宮天津神社の神輿歌　北越俗謠集所収

あまつといふは何神にてまします、日本一のあら神、青海日海やまと川、名所々々の花を見さいな（小寺融吉「郷土民謡舞踊辞典」433頁）

この「神輿歌」の項の最後には「ささおどり」を見よとあり、そこに「天王といふ人は、何仏にてまします、日本一の荒神、あらふ橋本塩見坂、名所々々の花を見さいな」（同202頁）が載る。これは秋里籬嶌「東海道名所図会」巻之三（「日本名所風俗図会」17 諸国の巻Ⅱ 127頁）、あるいは馬琴からの引用と思はれるが、越後の神輿歌の一部の字句を入れ替へただけの詞章である。俚謡集7番「天王の御ほぞんは、何ほとけにまします。さーにもさーよ。」もこの類歌にならう。

上記以外の詞章に類歌がないのかどうかは分からない。第一、類歌といふより、同じやうな発想であるだけではないかと思はれる同想の詞章も多い。倉光は類歌を広く考へたやうである。それでもこれだけだとも言へるし、だからこんなにあるとも言へる。また、どこかの歌集からの本歌取りかと思はれる詞章も散見される。倉光が本歌を示してゐないことからすれば、そこに類歌はないのかもしれない。試みにさういふのを「新編国歌大観」で調べてみる。長尾文書の2番から6番と俚謡集11番の詞章である。ただし、2番「鶯が櫻の枝に」は既に記したやうに類歌に和歌はなく、実際、「新編国歌大観」にもなかつた。俚謡集11番の「青柳の」については、倉光は古今集巻20「青柳を片糸によりて鶯の縫ふてふ笠は梅の花笠」を類歌として上げてゐる。これら以外の「奈良の都の」「時鳥深山渡りを」「秋野のさほ鹿」「鹿の啼音に」の本歌探しを試みてみたが、やはりないやうである。かなりいい加減な調べ方ゆゑに、見落としがあるかもしれない。

　長尾文書3番「奈良の都の八重桜」はこのままでは何もみつからないので、初五をつけた「いにしへの奈良の都の八重桜」で試みに捜すと、出てくるのは百人一首61番伊勢大輔「いにしへの奈良の都の八重桜けふ九重ににほひぬるかな」がほとんどであつた。これ以外は皆無ではないが極めて少ない。これを名歌の名歌たる所以と言ふのであらう。下の句でもこれに類する句はなささうである。

　長尾文書4番「時鳥深山渡りをする時は」だと、ホトトギスが深山渡りをするといふ発想が和歌にはないやうであつた。少しあるのが深山隠れであるが、これも類歌となりさうな和歌はなかつた。同5番「秋野のさほ鹿」は「秋の野の」「秋の野に」でまづ見たがさを鹿に続かない。「さを鹿恋に」とか「恋にやつれて」あたりだと、さを鹿がほとんどない。恋にやつれるのは人ばかりといふわけで、これも類歌と言へさうな和歌はないやうであつた。

　長尾文書6番「鹿の啼音に」は、百人一首5番猿丸太夫「奥山に紅葉踏み分けなく鹿の声聞く時ぞ秋は悲しき」の本歌取りではないかと思つて調べてみたのだが、それらしい和歌を見つけることはできなかつた。「奥山の鹿」といふ語のつながりがなささうであつた。本当に「新編国歌大観」に見つけられないのならば笹踊りオリジナル(の本歌取り)かもしれないと思ふが、同時に、かういふ詞章の類歌は近世初期の歌謡等を調べる必要があるかもしれないとも思ふ。類歌探しは今後の課題である。

　ここで再び笹踊り歌の詞章から歌にもどる。実は以上をほぼ書き終へてから、その頃は市外の住人であつた中村一男氏から連絡があつた。笹踊り歌を歌へるとのことであつた。もしかしたらと言はれてゐたが、本当に歌へるお年寄りがゐることは期待してゐなかつた、といふよりあきらめてゐたので、これには本当に驚いた。そして大いに期待した。

　中村氏は昭和12年生まれ、終戦時から昭和30年頃までは小学生から高校生になる。だから、実際に祭礼の現場で歌はれた笹踊り歌もご存知かもしれないが、子供の頃にお年寄りが酒の席で笹踊り歌を歌ふのを聞いたり、お年寄りから教へられたりして覚えたとい

ふ。そのお年寄りは酒席で興に乗ると、笹踊りの太鼓のリズム（基本は、といふよりほぼ唯一のリズムは、ドンドンテンテンテンテンテンドンテンテンテン）に合はせて歌つたらしいが、吉田神社の笹踊りがそのやうに歌はるべきものかどうかは分からないといふ。採譜の対象とした録音は、笹踊りの太鼓なしで、つまり太鼓とは無関係に歌つていただいたものである。

　ここでの詞章は前記とは別の萱町の詞章で、B5版1枚刷り、表紙に「吉田神社神事　笹踊歌詞　萱町」と3行に記され、裏表紙に「製作責任　昭和三十四年　神事係」とある。その裏面に18章の詞章が載る。これは倉光設人「三河の笹踊」中神歌篇笹踊神歌集初句索引類歌の67～71頁に「萱町印行」として載るのと同じ詞章である。ただし、ここで「ヤンヨ　神ヨ　ヤンヨヨ」とあるのは倉光では「ヤンヨ神ヲ　ヤンヨヨ」となつてをり、他に改行や一字空け等の小異がある。倉光の詞章がこの昭和34年の文書によるものかどうかは分からないが、中村氏はこの詞章で歌つてくれた。以下の5章である。改行は「/」で示す。

天王え詣ひたれば / 福の神をたあもつた / サアゲ　ニモ　サヨ
天王と申するは / 唐土の国の神々 / サアゲ　ニモ　サヨ
天王と申するは / 何仏にてまします / サアゲ　ニモ　サヨ
いざ　さら　さらば　本野原 / 名所の花を　なんがめる / サア　ゲニモ　サヨ
熊野なる入江の奥のなぎの葉は / 詣りの人の　祝なるらん / ヤンヨ　神ヨ　ヤンヨヨ

最初の「天王え詣ひたれば」は長尾文書等では「天王へ参りたれば」となつてゐる。誤字、脱字であらうか。4番目の「いざ　さら　さらば」を倉光は「いざさらば」としてゐる。俚謡集は「いざさらば、とんの原」となつてゐた。「とんの」は「本野」の訛音であらうか。吉田天王社には「いざさらさらば」の詞章もいくつかある。先の萱町印行詞章もさうであつた。ここも「いざさらさらば」が正しい形であらう。ちなみに、中村氏はこれらの部分を「マイッタレバ」「イザサラサラバ」と歌つてゐる。

　はやし言葉はサアゲニモサヨとヤンヨガミヨヤンヨヨである。笹踊り歌の使用音は基本的にHEAHの4音である。最後の歌のヤンヨガミヨヤンヨヨにはGが出てくる。使用音はEGAHの4音となる。核音はEとHである。「熊野なる」ではGが使はれてゐるから、直ちにEGAで民謡音階のテトラコルドができる。その上に民謡音階HDEのテトラコルドの核音Hだけが使はれて4音となる。他の歌も同様に考へることができる。Gが見られないが、ソフトで開いて見ると、このはやし言葉のHとEの音のあたりでグリッサンドしてゐる。聴感上もそんな感じである。だとすると、H、Eとは記したものの、実際にはその上の音も含まれることになる。ならばと（強引に処理して）他の歌もまたE（G）Aの上下にHがついた5音であるとすれば、残りもやはり民謡音階とならう。核音Aがいささか弱い

のは核音Hが強いからであらう。いづれにせよ、吉田神社の笹踊り歌ははやし言葉を除けばほとんどHだけでできてゐる。

　ちなみに、吉田藩藩校時習館教授中山美石（うまし）は、屋代弘賢の問「諸国風俗問状」に答へた「参河吉田領風俗」（文化15〔1818〕）（近藤恒次編「三河文献集成　近世編」所収）で、笹踊り歌についてかう記してゐる。

囃子方は、大勢皆はでなる浴衣に編笠を冠りて、同音に謡ふなり。哥の文句は長短定なし。節はみな同じく、さらにむづかしき節にはあらず。（国書刊行会本下605頁）

これからすれば、吉田神社の他の笹踊り歌も、この採譜の5章とほとんど同じ旋律らしく思はれる。美石はどれも同一の易しい旋律だといふのである。実際、その同じ旋律としてして歌はうとすれば歌へることは、特に短い詞章では確かなのだが、残念ながら現状ではそれを確認することはできない。

　なほ、採譜した笹踊り歌をピアノの音で中村一男氏に聞いてもらつたのだが、中村氏は最後がちよつと違ふと言はれた。グリッサンドの部分である。すると、最後のグリッサンドは中村氏の癖であるのかもしれない。もつとも、中村氏の師匠たるお年寄り（私が気づいた時には、既に歌を歌へる状態ではなかつた）は、これは楽譜にできるやうな歌ではないと言はれてゐるらしい。実は、ここ以外にも、例へばヤンヨガミヨヤンヨヨあたりにもグリッサンドはあるのだが、そのやうなことを言はれると、その言にも納得できようといふものである。とまれグリッサンドが氏の癖であつてもなくても、そしてそれをなくしても、もともと強引な処理を含むことである、音階の基本は変はらない。

　なほ、最後に、吉田神社の笹踊り歌のはやし言葉を除いた旋律が、新城市大宮の石座神社の笹踊り歌、その最初の「石座様に参って」によく似てゐる点を指摘しておく。詳細は新城で記す。

中山美石
（安永4〔1775〕～天保14〔1843〕）
三河吉田藩士、藩校時習館教授、本居大平門人。「後撰集新抄」等。

2
光道神社
大太鼓が小太鼓の間を抜ける
平成27年

2 八所神社（豊橋市大村町字横走）

　豊橋市大村町は市の北部、「豊川下流右岸に位置する。地名は大永（一説に応永）3年初めて集落が形成されたため、年号の大をとって命名したという（大村誌）。」（「角川日本地名大辞典」23愛知県254頁）この村名の由来は「三河国宝飯郡誌」にも書かれてゐる（第五集45頁）。大村は関屋町の吉田神社から見れば、ごく大雑把に言つて、東寄りの対岸に当る。

　大村には神社が四社ある。中心になるのは八所神社で、「天文廿年卯月十二日創建始メ八王子ト称シ明治五年八所社と改称」（「三河国宝飯郡誌」第五集47頁）して現在に至る。祭礼は旧2月8日であつた。新暦ならば3月の中旬から下旬あたりになる。その後、新3月7日、8日となり、現在は3月最終土曜、日曜に行はれてゐる。

　笹踊りが出るのは本祭りである。午前中、9時頃に神社を出発する。どのやうなコースをとるかは毎年違ふ。残りの三社と踊り手3人の家を回るのであるが、神社を回る順番が毎年変はるし踊り手も変はる。神社は、光道神社（大村町松浦）、柴屋神社（大村町地之神）、金山神社（大村町金山）である。途中、境内白山社でも踊る。笹持ち1名他が従つて、以上7か所で踊る。これで午前中は終了、休憩に入る。ちなみに、例祭神事はこの間に行はれてゐる。

午後になると、伊藤博敏「大村史」(昭和13)には、「神輿の渡御に先だち、柴屋の素盞嗚神社より繰り出した笹踊りの社頭へ参着して踊り、かくして神幸が粛々進められる。」(35頁)とある。柴屋の素盞嗚神社は上記の柴屋神社である。柴屋から八所神社までは光道神社経由でも1キロはないであらう。近い。しかし、現在は笹踊りの柴屋神社からの繰り込みはない。

その代はりかどうか、午後1時に笹踊りが始まる。一の鳥居から要所で踊りつつ、境内御霊神社と拝殿前で踊るのである。さうしてしばらく休憩する。その間、このあたりに多い市内の賀茂神社系の獅子が境内を暴れ回つてゐる。その後、神輿渡御となる。獅子を先頭に、笹踊りは最後尾、神輿に続く宮司等の後になる。神事の後、他の舞とともに笹踊りも踊られる。

笹踊りの衣裳は、赤の太い紐飾り付き陣笠、袖に黒と白の飾り付き朱地に菊花の上衣、赤の裁付袴といふもので、一見して吉田神社によく似てゐると知れる。踊りもやはり吉田神社似である。以下の如くである。小太鼓外側から、大太鼓右手から打ち始めて大太鼓二打。小太鼓右手足から始めて、腰を上下して左右に向きつつ、六打、四打。腰を下ろして頭上で撥を回す。小太鼓二打後退、三打前進、四打目向き合ふ。小太鼓左右位置替へ(A)。小太鼓の間を大太鼓跳んで抜ける(B)。以下、以上を繰り返し3回。小太鼓の位置替へ(A)と小太鼓の間を大太鼓が抜ける(B)二つの所作がある。基本は吉田神社と同じである。

実は、吉田神社で何人かの方から、うちの親父は大村へ笹踊りを教へに行つてゐたと言はれた。萱町でも指笠町でもである。しかし、現在、両所は同じ踊りではない。変はつてゐる。吉田神社側からすれば変へたのである。いや、大村がいくつかの所作を付け加へたのである。上記の振りの説明では、それはほとんど分からないであらう。それほど大雑把な説明である。

笹踊り歌の詞章を「大村史」より引く。以下の如くである。

穂別のひらき玉ひし大村は / くる秋ごとに年豊なり。サアゲーニモサーヨ / (以下同様囃しあり)/
そらかぞふ大村八村神社は / 大宮はじめ八社ましす。/
大宝の昔創祀の神社 / 御代を守護の大村天神。/
豊川の水堰き入れて八柱は / 大村の三谷に静まりゐます。/
秋ごとに稔る田面をながめては / 昔ひらきし井堰思ほゆ。ヤンヨー神をヤンヨヨー(以下同様囃しあり)/
大杉にならびて立てる梛の葉に / しめゆふかけし神の大前。/
千早ふる神の御前の梛の葉に / 縁を結びのしるしなるらん。/
神慮をなごめ奉らん氏人の / 青木に白酒くみかわしつゝ。(「/」は改行を示す。ここでは1

賀茂神社系の獅子
豊橋市賀茂町の賀茂神社葵祭の獅子は、頭1名、口取り2名、その他20数名の大がかりな獅子である。旧宝飯郡地域にはこれに類する獅子が多く見られる。

章1行に改めて記した。36〜37頁）

韻律は基本的に短歌形式五七五七七の繰り返しである。それを1章とすれば全8章からなる。はやし言葉はサアゲーニモサーヨとヤンヨーガミヲヤンヨヨーで、途中2回出てくる「（以下同様囃しあり）」は、以下も同じはやし言葉が続くことを示すのであらうか。だとすれば、はやし言葉は1章から4章まではサアゲーニモサーヨであり、残りの5章から8章まではヤンヨーガミヲヤンヨヨーとなる。先に記した吉田神社の採譜した詞章と同じと言へる。内容的には、神道的といふのは大袈裟で、敬神の念にあふれた内容と言へば良からう。「大村史」はこの作者に触れてゐない。ただ、「笹踊りが斎庭の中央で古閑の匂ひを振りこぼし、調子高き韻律を顫はせつゝ此の式を畢りて神輿は還御する」（36頁）と書いてゐることからすれば、御旅所での神事終了後の笹踊りの中で笹踊り歌が歌はれたであらうことは想像できる。これは昭和13年時点である。吉田神社から伝はつて間もない頃のことであらう。ところが、現在、笹踊り歌は歌はれてゐないのである。

　大村のことをよく知らないので、何度も地元の人達に笹踊り歌のことを尋ねた。ある年、1人のお年寄りがさういへば昔はと言つたのを聞いたことがある。それでも具体的には何も知ることはできなかつた。これ以外は笹踊り歌は知らないといふ返事ばかりであつた。

　そこで今回、これを記すに当たつて、大村の関係者の話を聞きたいと思ひ、大村校区市民館に行つて自治会長（校区総代）の方にその旨を伝へた。しかし、結局、私の疑問に答へてくれることはなかつた。神社の社守の方々とも話し合つて下さつたが、笹踊りの伝来や吉田神社との関係、笹踊り歌について等々、このあたりのことをご存知のお年寄りは既にゐないと言はれた。吉田神社側では、萱町でも指笠町でも、私の親父が大村へ教へに行つてゐたと聞いてゐたのにである。そんな事情も大村では分からなくなつてしまつたらしい。従つて、現時点で私が書けるのはここまでであるが、ただ、吉田神社の笹踊り歌との関連で一つだけ書いておきたい。これはあくまでも類推、いや想像である。

　それは、大村に吉田神社から笹踊りを教へに来てゐたといふ萱町、指笠町の証言があるからには、踊りだけでなく歌も同時に伝はつたのではないかといふことである。つまり、大村の笹踊り歌も、基本的には吉田神社のやうな少ない音でできた、極端なことを言へば、1音でできたリズムだけの歌であつたのかもしれないといふことである。大村の二つのはやし言葉は、既に記したやうに、「ガミヨ」と「ガミヲ」の違ひを除けば、採譜した吉田神社の笹踊り歌に一致する。これは大村が吉田神社の笹踊り歌を直接的に受け継いだことを示してゐるのではないか。さうであるならば旋律もと考へる。大村の笹踊り歌の詞章は短歌形式でできてゐる。吉田神社の採譜した「熊野なる入江の奥のなぎの葉は」もまた短歌形式である。ここに大村の詞章を当てはめれば、当然、歌へる。すべて歌へる。これが最も安直な受け入れ方である。そこに、踊りのやうに（少しだけ）手を加へれば、音を加へれば

新しい歌ができる。しかし、さうでない可能性もある。今となつては知る由もない。大村の笹踊り歌の寿命は短かつたと言ふべきであらう。後考を俟ちたい。

3 老津神社拝殿前踊り前の「拝礼」平成25年

3 老津神社（豊橋市老津町宮脇）

　豊橋市老津町は「市の南西部。北は大崎町、南西は紙田川を挟んで杉山町に接する。」（「角川日本地名大辞典」23愛知県1785頁）かつては「北大津・南大津・森崎新田に区分されていたが、明治一一年老津村となる。」（「愛知県の地名　日本歴史地名大系23」1064頁）この地は、ごく分かり易く言へば、渥美半島の根元である。豊橋市内から渥美方面に行く時、老津を通つて隣の杉山を抜ければ田原市である。また、江戸時代の万治年間（1660年頃）から開発された森崎新田のある三河湾岸は、埋め立てで工場地帯に見事に変貌してしまつた。笹踊りは老津以外は豊川流域にある。老津だけが豊川から離れて三河湾近くに位置してゐるのである。

　この「村域内老津神社は、天長元年（八二四）の勧請といひ、八王子宮・八王子権現とも称した。村内の神社を合祀したもので、三州吉田領神社仏閣記には、神明社・八王子権現社・三島大明神など一五社の存在が認められる。」（同前）このうち神明社は三河国内神名帳に「従五位上　大津天神　坐八名郡」とある神社と考えられている。

　また、御葭天王社もあつた。「三河国大津名蹤綜録」には、「海辺にあり、八月十五日花火祭礼あり」（「三河国吉田名蹤綜録」〔豊橋市史資料叢書四〕所収333頁）と記されてゐる。「老津村史」には、「元禄年中尾張国津島神社の御葭天王が本村の海岸に流れ着いた物を、村民が崇敬して一社を大津島の一端に建立してこれを祀った。（中略）それが何時の頃かはつきりしないが今の海岸に祀るようになった。（中略）大正三年（一九一四）四月十七日老津神社に合併した。」（492～493頁）とある。この地も、昭和44年の埋め立てで完全に消滅

した。この縁であらう、かつては天王社に近い森崎、中尾地区の青年が笹踊りを勤めたが、現在では少子化ゆゑに、踊り手の地区を限らないことになつてゐるといふ。

　老津神社例大祭は、現在は10月第1土曜である。金土でもなく、土日でもない。土曜日だけである。天王社に限れば、かつては旧8月15日が祭礼であつた。現在だと9月半ばから10月初め頃になる。笹踊りは祭礼日の午後に踊られる。この日の正午、笹踊り一行は老津公民館を出発する。行き先は踊り手の青年の住む地区の公民館である。平成27年は波入江集会所、中尾集会所、聖ヶ谷公民館であつた。平成28年は聖ヶ谷公民館、向田集会所、中尾集会所であつた。それぞれの地区で一踊りして帰着、しばらく休憩の後、神輿渡御の一行が帰参するのを待つて笹踊りが再び動き出す。午後3時過ぎに公民館を出て神社に向かふ。一の鳥居(宮下)で一踊り、拝殿前に移動してまた一踊りである。

　老津の笹踊りの他社にない特徴は、踊り始める時の拝礼である。拝礼と書いたが、これは両手を挙げて、体を大きく前に傾け、後ろに反らすことを3回繰り返す所作である。私はこれを拝礼と理解してゐるのだが、実際はどうなのであらう。拝殿前での踊りでは、拝礼前に小さな手筒花火、ヨーカン花火を拝殿に向けて出す。吉田天王社の火垢離とは違ふ。しかし、御輿つきでない、つまり、神輿渡御に従はない老津の笹踊りとしては、拝殿前の踊りの時にしか、火垢離としての花火を出す機会はないのかもしれない。ここは老津の花火にあはせて変更したのであらう。その花火の後の拝礼である。踊りが始まると笹踊り歌も始まる。ケーゴ(警固)の若い衆が揉み合ひながら歌ふのである。

　老津の笹踊りは昭和の初めに吉田神社から伝はつたと聞いた。私が初めて行つた頃、当時の校区総代を務めてをられる方に笹踊りのことを尋ねたら、その頃の様子を知つてゐるお年寄りがゐるので会ふかと言はれた。こちらは何の準備もしてゐなかつたので後日といふことにして、結局、そのままになつてしまつた。今思へば実に残念なことをした。それでも、老津の笹踊りは昭和の初めに始まつたと確認できたことにはなるかとは思ふ。

　この老津の笹踊りは、既に記した如く、豊橋市内に唯一残る、笹踊り歌の歌はれる笹踊りである。拝礼三度の後に踊りとなる。以下の如くである。小太鼓前に出て基本隊形になる。(両手で打ち始め)両手右左と十打。小太鼓左右斜めに2回づつ後退前進する。この間両手で二打。大太鼓右左二打。小太鼓左右斜めに2回づつ後退前進する。この間両手で二打。大太鼓右左二打。小太鼓左右位置替へ。(A)小太鼓の間を大太鼓(歩いて?)抜ける(B)。こんな説明を読んだだけでは分からないが、きびきびした動きの力強い踊りである。

　その詞章を以下に記す。最初に私が採譜した詞章、続いて倉光設人「三河の笹踊」中神歌篇笹踊神哥集初句索引類歌(豊橋市中央図書館蔵手稿本)によつてそれ以外の詞章を記す。

老津神社(採譜した詞章、老津神社ホームページにも載る。)
　天王と申するは日本一の荒神だゲンジモヤ　ソレソレソレ　ソレソレソレ

安養寺の縁の下いたちのせがれが十二疋ゲンジモヤ　ソレソレソレ　ソレソレソレ
　　　三河の名所と申するは八橋寺のかきつばたゲンジモヤ　ソレソレソレ　ソレソレソレ
　　　姫島沖を出て見れば沖の小島にっんながれゲンジモヤ　ソレソレソレ　ソレソレソレ
　　　新居橋本汐見坂名所の花をながむればゲンジモヤ　ソレソレソレ　ソレソレソレ
老津神社（記録された詞章）
　　新井橋本塩見坂名所サアゲニモ
　　新井高縄代三貫坂名所サアゲニモ
　　薬師の十二善　あらはれたりや神々
（倉光設人「三河の笹踊」中神歌篇笹踊神哥集初句索引類歌112～113頁、最後の１章には「編者採録」とある。）

　詞章は吉田神社等、古い笹踊りに見られる短章の集まりである。「安養寺の縁の下」は老津の詞章である。この安養寺、かつては老津にあつたが、現在は豊橋市街地に移つてゐる。「老津村史」には、「烟火祭ノ協議ハ安養寺境内ノ阿弥陀堂デナス例デアツタ」（549頁）とある。しかし、なぜ「いたちのせがれが十二疋」なのであらう。「老津村史」には書いてない。「新井高縄代三貫坂名所」は吉田神社の「新居橋本塩見坂名所」の替へ歌である。「新井高縄代三貫坂」も地名で、「老津村史」には、「此ノ三ケ所ハ当村内ノ地名デアル前ノ歌ヲ訛ツタモノ」（同前）とあり、第七章「名所旧蹟と伝説」には高縄城、三貫坂が出てゐる。これも老津独自の詞章である。

　はやし言葉は２種ある。現在のはやし言葉はゲンジモヤソレソレソレソレソレソレである。ソレソレは揉み合ひのための言葉であらう。老津にしかない。ゲンジモヤはゲニモヤ等の訛音である。ゲニが撥音化してゲンニ、そのニがジになつた形であらう。倉光記録詞章でのはやし言葉はサアゲニモである。「老津村史」も同様である。同系統のはやし言葉なのだが、この方が吉田神社に近い。以前はゲンジモヤではなくサアゲニモだつたのであらう。今となつては、この変化、変更の事情は知る由もない。

　老津の笹踊り歌はリズムだけで旋律のない歌である。基本はタータタタータのリズムの繰り返しである。吉田神社に似てゐるが小異がある。これを笹踊りが踊られてゐる間に歌ふ。老津の笹踊りは、前記の合祀前の天王社（山本貞晨「三河国大津名蹤綜録」）の縁で伝はつたのではないかと思ふのだが、それにふさはしい揉み合ひと歌、踊りである。

豊川市の笹踊り

　豊川は笹踊りの町である。町村合併以前の旧豊川市には4か所の祭礼で笹踊りがあつた。牛久保八幡社の若葉祭、豊川進雄神社の豊川夏祭、当古素盞嗚神社と上千両神社の例祭の笹踊りである。町村合併以後、ここに宝飯郡が加はつた。旧小坂井町には菟足神社風祭と伊奈若宮八幡社の例祭がある。旧御津町には御馬の引馬神社、八幡社の例祭がある。旧一宮町には、豊津神社、大木進雄神社、そして上長山の三社の若宮八幡神社、素盞嗚神社、白鳥神社の例祭がある。旧宝飯郡のこれらで8か所ある。旧市内とあはせて12か所である。笹踊りは20か所に伝はる。その6割は現豊川市にあることになる。豊川が笹踊りの町、いや市たる所以である。

　この豊川市を、本書では、町村合併以前の地区別に記していく。地区内での記載順は祭礼日の順にとでもいふことになるのだが、実際にはそのあたりは適当である。

旧豊川市内の笹踊り

4
宵祭りの道中から
跳躍
平成27年

4 牛久保八幡社（豊川市牛久保町）

　牛久保町は市の南東部、「上郷と呼ばれる洪積台地の南部に位置し、豊川下流右岸の沖積低地を望む。」（「角川日本地名大辞典」23愛知県216頁）位置にある。ごく大雑把に言つて、豊橋から下条、大村、長瀬あたりを通つて行く時、現在ならば、豊川放水路を渡つたところにある高台が牛久保である。

　牛久保には八幡社がある。「三河国宝飯郡誌」第五集によれば、創建年代不詳、安永2年(1773)再建(7頁)といふ。この八幡社の例祭を若葉祭と言ふ。祭礼日は旧暦4月8日、新暦では5月半ば頃になる。現在は新暦4月に行つてゐる。本来の若葉の季節にいささか外れる。この祭礼の中心は、天王社の獅子頭の奉迎、奉送である。宵祭りにお迎へに行き、その

晩を八幡社で過ごしていただき、翌日の本祭りにお送りする。そんな祭礼である。このために様々な神事が行はれる。神事だけでなく芸能もある。神兒若組の神兒舞、上若組、西若組の隠れ太鼓、笹若組の笹踊りである。これ以外にも囃子車を出してお囃子を奏してゐる。いづれも一見の価値あるものだが、中でも特に有名なのが笹踊りであらう。

　若葉祭では宵祭りの午後と本祭りの午後、八幡社から一同そろつて天王社に向かふ。笹踊りはその行列の最後尾に位置し、この道中の所定の場所で踊る。宵祭りは笹若組会所から行列に従ふ。奉迎の行列が笹若組会所に来たところで、笹若組一同はその行列の最後に付き従ふ。要所で踊りつつ熊野神社まで行き、日が暮れてから、行列は八幡社に向かふ。

　本祭り、笹若組一同は午前11時頃に会所を出発、要所で踊りながら八幡社に向かふ。この日は、午後の八幡社出発時から奉送の行列に従ふ。最後の八幡社社頭の三つ車での踊りまで、要所で踊りつつ従つていく。その時、笹若組はダシ（馬簾様の組の印、象徴）、笹持ち、笹踊り、年行司（ヤンヨーガミ）の順に続く。笹持ちは年行司2名、踊り手は青年である。その年齢は問はない。しかし、牛久保では20代後半が多いといふ。踊りの所作からいつて、ある程度の年長者の方が良いといふことであるらしい。ヤンヨーガミも年齢を問はない。法被には年行司と記してある。歌ひ手たるヤンヨーガミは歌ひ終はると寝転び、それを年行司が起こす。これが本来の姿であるらしい。現状は年行司＝ヤンヨーガミであるといふ。

　踊り手の衣裳は桐紋のついた塗り笠に赤系統の細めの上衣、下衣、顔をマスクと称する赤布で隠す。ただし、本祭り夜のクライマックスたる三つ車の時は顔は隠さない。太鼓には菊花紋がついてゐる。踊りは、やや中腰で手を下に向けて振りながら、交互に片足を上げて反時計回りに動く所作（D）の後に3人大きく跳躍（C）、大太鼓が小太鼓の間を抜ける（B）。ここで特徴的なのは、中腰で片足を交互に上げながら動く所作（D）であらう。

　笹踊り歌の歌ひ手はヤンヨーガミである。笹若組が動き始めると歌も始まる。詞章は長短16章ある。以下の如くである。

馬場先の千本松／西東の名所よ／サーゲニモサー／ヤンヨー神もヤンヨー（はやし言葉以下省略、塚田註）
いざや参ろうよ／若宮へ参ろうよ／若宮へ参ったら／福の神をもろうたよ
天王のご神体は／薬師の十二神とあらわれた（東勝寺において）
八幡の先立ちは／白鳩を迎えろ（八幡社入口）
当所氏神は／二柱の御神とあがめ奉る／荒神にてましますく八幡社において）
丑の年の丑の月日に／始まりて／牛久保と名をつけた
二七六斎毎市も栄えろ
千早振る神の斎垣に／松植えて／久しき名所とめでたさよ
牧野様の／お城姿は／白袴（共栄湯前後にて）

武運長久 / 御役所も栄えろ(今の駅前通十字路にて)
氏子そろうて / 今子の橋を渡ろうよ / 今子の橋を渡れば / はるかに森が見ゆるよ
昨日今日までは / 若葉なりしを若宮の / 御ふろの杉も栄えろ
実にも尊や / 我が氏の神はよ / 今日こそともに参ろうよ
南に熊野権現 / 東に天王中に八幡 / 神とどまりまします
熊野権現のご神体は / 若一王子にてまします(二国の十字路)
当所氏神は / 熊野の別れで / 荒神にてまします(天王社において)
(「牛久保若葉祭　笹踊の歌　牛久保区長会」と上部に記されたB5版1枚刷りの印刷物による。印刷編集年不明。)

　歌ふ場所が決まつてゐるものも多い。最初の「馬場先の千本松　西東の名所よ」で始まるのが出発の歌である。しかし、例へばこの「馬場先の」を出発時しか歌はないといふことではなく、その時には歌ふといふことであつて、他で歌へないわけではない。実際の現場では、ウタダシ(歌出し)の好みや気分によつて同じ詞章が繰り返し歌はれることもある。地元の方の話でも、私の聞いた感じでも、例へば「馬場先の」や「八幡の」「二七六斎」あたりは極めてよく歌はれる。反対に、熊野神社関連の詞章はほとんど歌はれることがないやうである。(それゆゑ、採譜もいささかあやしい？)

　若葉祭の笹踊り歌の詞章は、韻律不定、非定型の短章の集まりである。はやし言葉は「サーゲニモサー　ヤンヨー神もヤンヨー」である。詞章には「馬場先の千本松」以下、牛久保以外では見られない詞章が多い。類歌の見られるのは「いざや参ろうよ」「天王のご神体は」「氏子そろうて」の3章ぐらゐであらうか。「福の神をも」らふ、「薬師の十二神」「今子の橋」は吉田天王社で古くから歌はれてきた詞章である。「南に熊野権現」は豊川市内の上千両神社や豊川進雄神社に同想の詞章があり、これも広く言へば類歌であらう。他は新たに作られたか、牛久保にあはせて改められた詞章であらう。

　笹踊り歌は、音頭取りたるウタダシが最初を歌ひ、その後をヤンヨーガミが続けて歌ふ。ウタダシは何人かゐて、御幣を持つ。ウタダシの歌ふ部分は、例へば「馬場先の千本松」、「八幡の先立ちは」までで、大雑把に最初の一句分と言つておけば良からう。この最後の「つ」や「は」は2拍分か、3拍分か、歌ひ手により、その音の延ばし方は異なる。しかし、最後が少々下がるのを特徴とする。中には下げずに歌ふ人もゐるが、下げるのが基本だといふ。これ以下がヤンヨーガミの唱和する部分である。これは個々の詞章によつて異なる。きちんと歌つてゐるものもあれば、あたかも語るが如きものもある。これを楽譜上は区別してゐない。その判断が極めて主観的なものであるがゆゑに、ここでは敢へて区別しなかつた。採譜は極めて大雑把だと正直に書いておく。最後のはやし言葉では、「ヤンヨーガミもヤンヨー」の「ヤンヨー」が1オクターブの跳躍となつてゐる。かういふ伸びやかさが牛

久保の笹踊り歌の特徴であらう。

　以上は笹踊りが一区切りするまでのこと、笹踊りが終はるまではきちんと歌ふ。笹踊りが終はれば、後は誰が歌を出してもかまはない。ヤンヨーガミが適当に出す。あちこちから違ふ歌が出されることも多い。最後のはやし言葉を歌ひ終はると同時に寝転ぶ。かうして、笹踊りが次の踊り場所に着くまで、ヤンヨーガミの歌と、それにつれてヤンヨーガミが寝転び、起こされる光景が続く。これが若葉祭の、いや、通称うなごうじ祭のうなごうじ祭たる所以であると言はれてゐる。

　この歌の使用音を「馬場先の」で記すと、下からEAHCDEの1オクターブ、6音である。この6音のうち、EとAは核音と考へて問題ない。他に核音となるべき音は見あたらない。しかしEとAが核音であるからには、直ちにEFAとHCEの2つのテトラコルドが想起される。これならば都節音階であるが、問題はDである。この音は上のテトラコルドの範囲内にあつても、都節音階には含まれない。そこで思ひ出されるのが所謂陰旋法（上原六四郎「俗楽旋律考」、東洋音楽学会編「日本の音階」〔東洋音楽選書9〕等参照）である。この上行形はEFAHDEであつた。Dを含む。下行はDに代はつてCとなる。合はない。しかし、これで説明できるのかどうか。説明してしまつて良いのかどうか。他の詞章も使用音に関しては変はらない。つまり、牛久保の笹踊り歌は都節音階、あるいは所謂陰旋法と説明できるかもしれないといふことである。聴感上はそれで良ささうに思はれるのだが……後考を俟ちたい。

上原六四郎
（嘉永元〔1848〕～大正2〔1913〕）
明治時代の音楽理論家、物理学者。「俗楽旋律考」で日本の音階は五言音階であるとした。

5
上千両神社
神輿渡御出発前
平成27年

5 上千両神社例祭（豊川市千両町）

　千両町は豊川市の北部、佐奈川上流域に位置する。古くから上下に分かれてをり、現在はそれに加へて南千両もある。ここには、上に上千両神社、下に犬頭神社がある。犬頭神

社は養蚕との関係で有名である。「当社の沿革に、舒明天皇の御代葛城菟上足尼(穂国造、菟足神社祭神)が丹波国比沼の真名井原より五穀蚕養の神保食神を勧請して祀ったとある。」(「愛知県の地名　日本歴史地名大系23」1026頁」)「一説ニ、犬ノ吐キタル糸ヲ云々」(同前)といふ言ひ伝へもある。それに比べると上千両神社は「三河国宝飯郡誌」第二集にも創建年等の記載はない。しかし、この二社が千両の主要な神社である。本来の例祭日は、犬頭神社が旧8月12日、上千両神社が旧6月15日であつた。その後、それが改められて二社の例祭は日程的に続けて行はれてゐた。それゆゑに氏子間での交流もあつたといふ。

　その象徴的なものが笹踊りであらうか。上千両神社例祭宵祭り夜、笹踊りは上千両神社を出発して、辻々で踊りながら犬頭神社に向かふ。警護役は犬頭神社の氏子青年である。犬頭神社でも社前で笹踊りが奉納される。その後、帰参して花火が始まる。翌日、本祭りの神輿渡御先は犬頭神社であつた……これは「千両町誌　ふるさとの話　千両」202頁に記された様子である。ところが戦争が激しくなり、昭和17年にこれらは中断された。その状態が固定して現在に至る。

　笹踊りの踊り手は昔ならば高等小学校までとでもいふところであらうか。現在は小学校上級生が務めてゐるやうである。かつては長男といふ条件があつたが、少子化ゆゑに、これは現在外されてゐる。

　衣裳は、中高の塗り笠に紺の上衣と裁付袴、笠からタレといふ赤布を垂らす。薄化粧をしてゐる。顔を隠すためのタレかと思ふのだが、ここはほとんど下ろして顔を隠すことをしない。歌ひ手は青年である。上千両の青年団を知草社といふ。小笹を持ち、猫耳の赤い頭巾をかぶつたそろひの法被姿である。笹踊りが始まると、踊りの周りに集まつてきて肩を組んで取り囲む。踊り手を隠すのである。ここの踊り手は小学生だし、所作も比較的易しい。だから、あまり大きくない輪でも、といふより、あまり大きくない輪だから踊り手は隠されてしまつてほとんど見えなくなる。この青年は伊勢音頭を歌ひながら餅車を引つ張るので、イセオンドと言ふとも聞いた。しかし、この呼称ははつきりしない。かう言はないお年寄りもゐた。

　この笹踊りは神輿渡行の先頭を行く。出発時、まづ笹踊りが始まる。イセオンドが集まつてきて取り囲み、笹踊り歌が歌はれる。一踊り終はると行列が動き出す。この時、イセオンドは散開してゐて行列には従はない。各自、適当に動いてゐる。御旅所到着時等で踊る時、イセオンドはあわてて(？)集まつてきて、肩を組んで歌ふ。終はればまた散開する。ちなみに、上千両では五色の(？)小さな幣のついた小笹をイセオンドが持つゆゑに笹持ちはゐない。

　踊りは、3人ともやや中腰で片足を大きく上げながら足踏み(D)の後に大太鼓が小太鼓の間を跳んで抜ける(B)。この繰り返しである。ただし、踊りのほとんどをイセオンドが取り囲んで隠してしまふから、見えるのは取り囲む前、踊りの最初のあたりだけである。

笹踊りの詞章は以下の如くである。詞章中の○は「ウタダシ(歌出し)」、×は「ウケ(受け)」が歌ふ。

一　○御神社の末社には／×ならびに八幡諏訪大明神／○西に／×若宮東に竜田／○北に／×山王南に三社の大権現／ヤンヨー　ヤヨ
二　○御神社の御本陣／×には何仏と申します／○薬師の／×十二善と現れ／○サゲニモ／×サー　ヤンヨーガミモ　ヤンヨー　ヤヨ
三　○御神社へまいりたや／×福の神を頼む／○詣りの人が／×いうわいなるらん
四　○新居橋本の／×千本松は西東の名所なり／○中条／×利厄のためになるらん
五　○うぐいすが御山渡りをする時に／○なぎの／×葉をば何の印と眺めなるらん
六　○ほととぎす／○桜の／×枝に巣をかけて／○里へ／×降りて眺めなるらん
七　○沖の白波見下ろせば／○卯の刻／×天下りて民を助け給うなるらん
八　○沖こぐ舟に袖／○濡れて／×サー　サラスノカ
九　○鹿の鳴く音に夢さめて／○秋は／×心凄いなるらん
（ふるさとの話千両編集同人編「千両町誌　ふるさとの話　千両」〔昭和51年千両町内会発行〕所収詞章。）

　これらの詞章は韻律不定、非定型の短章の集まりである。はやし言葉は「サー　ヤンヨーガミモ　ヤンヨー　ヤヨ」、全体の最後に「豊年じゃ豊年じゃ」と歌はれる。すべての詞章に類歌がある。一は市内の豊川進雄神社に、残りの二から九までは吉田天王社である。
　伊勢音頭でもさうだが、上千両では長く伸ばして歌ふのを特徴とする。だから、ここの笹踊り歌はかなり特異な節回しである。外部の人間には何を歌つてゐるのかよく分からない。いや、ほとんど聞き取れないと言ふべきか。1音1音伸ばして歌ふ、しかもそれは叫ぶが如きである。その反面、早口言葉や語りのやうな感じの部分もある。詞章通りに歌はずに省略があつたりもする。更には、前の詞章にかぶせて歌ふ。こんな調子だから、部分的に聞こえ、聞き取れる言葉があつたとしても、その詞章の全体を歌はれたやうに聞き分け、理解することは、外部の人間にはほとんど不可能である。
　笹踊り歌の音頭取りはここでもウタダシ(歌出し)といふ。ウタダシは決まつた歌ひ手ではない。最初だけは知草社の長たるシャチョー(社長)が務めるが、その後は誰でも良い。踊りが終はるまで適宜交替しながら出し続けていく。ウタダシ以外の歌ひ手はその後に続く。換言すればウタダシの歌を受けるのである。だから言葉通り「ウケ(受け)」といふ。上千両の笹踊り歌はこのウタダシとウケの連携からなる。ウタダシ、ウケ、ウタダシ、ウケ……と続くのである。この時、ウタダシにかぶせてウケが続き、ウケにかぶせて新たなウタダシが歌ふ。だから、そのあたりが聞き取れない。長く伸ばしてゐるから早くかぶせて

くれた方が、聞こえようが聞こえまいが、歌ひ手には楽なのである。歌を知つてゐればこのあたりの呼吸も分かるのだが、私のやうな地区外の人間には分からない。聞こえないものはやはり聞こえないし、分からないのである。

なほ、前述のやうに、最後に「豊年じゃ豊年じゃ」といふ笹踊り終了時に歌ふ一節がある。西洋式に言へばコーダであらうか。これはよく聞こえる。皆同じやうに歌つてゐる。笹踊りが一段落して終はると歌も終はる。その歌の後にこれを歌ひつつ、踊りを取り囲んだ歌ひ手は散開していくのである。繰り返し回数不定、適当に繰り返すのである。

そんなわけで、今回は全9章のうちの3章分しか採譜できてゐない。それもかなりあやしいと、正直に言つておく。よく分かつてゐないのに五線にしてしまふ。もちろん、地元の方に懇切丁寧に教へていただいた。それでもなほかつ分からないところがある。速さは笹踊りの太鼓を基準に決めてある。これは変はらない。しかし、音の延ばし方は、同じ歌でも歌出しによつて違ふ。あるいは詞章によつても変はる。2拍延ばすか3拍延ばすか。だから、これもあやしい。採譜といふもの、その大体の形を示すに過ぎないとは、上千両笹踊り歌に関して言へば、これは極めて好意的な評価と言ふべきであらう。

そんな楽譜をもとにしてではあるが、最後に音階について記しておく。「御神社の御本陣」で使はれてゐるのはDE、ウケの部分ははつきりしない。「御神社へ参りたや」ではACDEの4音である。この2章から、直ちにACDのテトラコルドが考へられる。Dは明らかに核音である。Aは一度しか出てこないが、DAと4度下がつてゐるからには、核音から核音への進行と考へて良いはずである。ならばこれは民謡音階、残つたEはEGAのテトラコルドの存在を予想させる。実際、「新居橋本」では「との千本松は」の部分がこのテトラコルドからできてゐるらしい。他の詞章の採譜結果次第でこれが変はる可能性はあるが、現時点では民謡音階としておくべきであらう。

なほ、間宮照子「三河の笹踊り」(「民俗芸能」33〔昭和43〕)に、「豊川市上千両の笹踊は一宮町大木より伝へられたと土地の人は云つてゐ」(56頁)るとある。柴田晴廣「豊川流域の笹踊り」には、上千両の笹踊りは「大木より伝はつたと言ひ、地理的に見ても関連があると思はれる。」(頁、丁付けなし、3ウ上)とある。この大木は大木進雄神社の意であらう。私は上千両でこの種の話を聞いてゐない。しかし、西原では聞いた。上千両から西原に小作に来てゐた人が上千両に笹踊りを伝へたといふのである。小作に来るくらゐである。上千両と西原は地理的に近い。両神社間は直線距離で4キロ程度、現在なら車で10分程度であらうか。当然通婚圏であらう。地主と小作といふ関係がどの程度広くかは分からないが、このやうな形での人的交流もあつたと知れる。ならば、笹踊りが西原から上千両に伝はつた可能性は十分にありさうである。

6
本祭り
西大山車から東大山車に移動する道中
跳躍して前進
平成22年

6 豊川進雄神社（豊川市豊川西町）

　豊川進雄神社は旧豊川村に、といふより、有名な豊川稲荷のすぐ近くに鎮座するといふ方が分かり易いであらう。「もと牛頭天王社と称した。『豊川村誌』に、もと旧字割間の地にあったが、天徳年中（九五七～九六一）現在地に移り、割間の地を元宮と称し御旅所としたという。」（「愛知県の地名　日本歴史地名大系23」1019頁）豊川進雄神社蔵の享保3年（1718）の「豊川村差出帳」には花火祭りの記載がある（同前）といふ。

　ここの例祭は東三河を代表する夏祭りの一つである。豊川夏祭といふ。旧暦では6月20日であつたが、新暦の現在は月遅れの7月20日頃に行はれてゐる。梅雨明け後の最も暑い頃になる。先の花火祭りは現在も変はらない。東三河で広く行はれる手筒花火だけでなく、ここと豊橋市石巻町の椙本八幡社だけに伝はる綱火で知られてゐる。手筒は、最近、東三河以外でも行はれるやうになつてきた。その名の如く、手に持つて、あるいは抱へて出す花火である。綱火もその名の如く、拝殿と鳥居の間を結んだ綱を花火が行き来するものである。一種のロケット花火であらうか。「天保四年（一八三三）からの毎年の奉納記録が残る。」（同1020頁）といふが、万治2年（1659）から行はれてゐた（同前）らしい。

　花火に比べると、笹踊りはあまり知られてゐないのであらう。しかし、祭礼の中ではこちらの方がはるかに重要である。笹踊りは神、なのである。その証拠に、踊り手は顔を隠すし、青年は踊り手を取り囲んで踊り手が見えないように隠してしまふ。そこで、カメラを頭上に上げて写真を撮らうとするととがめられる。さう言へば、笹踊りの踊り手はどこでも顔を隠してゐるし、上千両でも歌ひ手は踊り手を隠してゐた。これも神だからこそであらうか。ただし、少子化の現状はここにも及んでをり、かつて豊川進雄神社では踊り手を二重、三重に取り囲んだといふ青年も今は10人程度、踊り手を隠すべくもない。それでもなほ、笹踊りの踊り手は神と認識されてゐるから、青年はできるだけ空きができないやう

に取り囲む。練習時に、写真撮影可かと尋ねるとダメだと言はれるくらゐである。昔は神だと言はなかつたとも聞くが、私は笹踊り＝神のつもりで見てゐる。それにもかかはらず、時に青年からお叱りを受けたりする。それが豊川夏祭である。

　豊川夏祭では笹踊りは宵祭り（中祭）と本祭り（大祭）に出る。

　中祭で元宮（稲田神社）に行くのは笹踊り一行だけである。一行は午後5時半に神社を出発して元宮に向かふ。帰着は7時半であつたか。とつぷりと日が暮れてゐる。出発時、そして帰着時、一の鳥居で笹踊りは花火の洗礼を受ける。出発時の綱火はこれが出し始めである。以後、東西に分かれて綱火の競演である。笹踊りに向けて出されるのは、通称ヨーカン棒、ヨーカン花火といふ小型の手筒花火である。笹踊りからすれば、正に火の粉が降つて来るのである。出発時は明るい。だからあまり火花は目立たない。帰着時は暗い。小さなヨーカンでもかなりの火花である。文字通りの洗礼である。吉田天王社、吉田神社でもかつて行はれてゐた火垢離（ひごり）（間宮照子「三河の笹踊り」〔「民俗芸能」33〕54頁、須藤功「大絵馬ものがたり」4祭日の情景51、52頁）もかくやであらう。かうして元宮から笹踊り一行が帰着すると、宵祭りの手筒花火が始まるのである。

　大祭の笹踊りは神輿渡御の行列の3番目を行く。連区長、鉾、そして笹踊りである。他地区の笹踊りは要所で踊る。ところがここはそのほとんどを踊りながら進む。しかも、三歩進んで二歩下がるといふ感じである。元宮の稲田神社まで、歩いても10分もかからないやうな距離を、1時間かけて進む。夕方で日は落ちかけてゐるとはいへ、渡御の行列に奉仕する人々は大変である。

　ここの笹踊りは東西の青年が務める。踊り手の年齢に決まりはないが年長者が多いとか。東西が隔年に2名と1名を出す。衣裳は、金地に牡丹模様の中高笠、中祭は「銀錦」、本祭は「金錦」と呼ばれる衣裳（間宮前掲論文56頁）、銀錦は紺地、金錦は朱地の上衣に唐草模様の金地の裁付袴である。いづれも金襴、銀襴の豪華な衣裳である。豊川進雄神社拝殿前を出発、西の大山車から踊り始め、東の大山車まで来たら踊りを止める。以後、元宮の稲田神社まで普通の道中である。帰りはこの逆となる。東の大山車から西の大山車までの間で笹踊りが踊られる。

　何しろ40分以上踊り続けられるので、どこまでが一区切りなのかよく分からないのだが、青年に聞いたりして次のやうなことであらうとまとめてみた。たぶん、これが3回繰り返されてゐるのではないかと思ふ。

道中から、先頭大太鼓で西大山前に来ると、（大太鼓左手から、小太鼓右手から打ち始め）太鼓を打つ。
大太鼓右足を上げ、続いて2歩軽く後ろに跳躍（前進）（C）。
3人、腰を上げて下げ（D）、首を回す。（五回）5回目に3歩跳躍（C）。（この所作二回）

小太鼓の間を大太鼓(3呼吸で)抜ける(B)。
3人、腰を上げて下げ(D)、首を回す。(二回)2回目に3歩跳躍後退(C)。
3人、腰を上げて下げ(D)、首を回す。(五回)5回目に3歩跳躍後退(C)。(この所作二回)
小太鼓の間を大太鼓(3呼吸で)抜ける(B)。
3人、腰を上げて下げ(D)、首を回す。(二回)2回目に3歩跳躍(C)。
以上を(回数を変へて)東西大山車の間で繰り返し。

その踊りは一見したところ牛久保の若葉祭とは少々違ふやうだが、中腰になつたり(D)、跳躍したり(C)、大太鼓が小太鼓の間を抜けたり(B)で、基本的には同種の所作が見られる。近いから何らかの影響関係があつて当然なのだが、その実際は不明である。

　笹踊り歌の歌ひ手は青年である。帰着すれば直ちに手筒を出せる法被姿である。歌も、踊りの続く間、東西の大山車間で歌はれる。笹持ちは宵祭りのみ、数人の青年が持つ。倉光設人「三河の笹踊」下各地の笹踊三河の笹踊参考資料中の「笹踊は雨乞踊りか」によれば、「豊川進雄神社では祇園祭の笹踊に笹竹に白張提灯を吊したのを12本、閏年には13本持つて行列する」(7頁)とある。この本数は、例へば三遠南信地域のニューギ(祝木、新木)に書く十二月、十三月と同様の意味を持つてゐるのであらう。現状は、少子化による青年減にあはせてた適当な本数といふことであらう。詞章は以下の11章である。

一　天王へ参りたや / 福の神をたもつた / サア実にも左様左様 / 神も左様左様 / 神も左様左様
一　犬土は何神 / サア薬師の十二神と / 現れ給ふ御神
一　天王の奥の院の東光寺の薬師は / 福仏でまします
一　豊川の西に若宮 / 東に三社 / 高の御前 / 北に熊野の権現堂 / 南に妙音弁財天 / 中に天王おん立ちあり / 豊川の名所よ / 名所よ
一　天王の祭りは / 七輛の車に / 十二本の笠鉾 / 波にゆられて / 鷺の橋をわたいた / 実にも左様左様 / 神も左様左様
一　豊川の水の流れの清ければ / 本野が原に神とどまりまします
一　天王の御宝の瑠璃の壺 / 市御堂へ納めた / 市は四日九日 / 四日九日
一　豊川の口は七口 / 市は湯の日 / 丸市場丸市場
一　六十六部の御経を納めて / 大(おほ、塚田註)念仏を始めた
一　旅人の / 今宵矢作に仮寝して / 明日や渡らん / 豊川の / 波風も静かに / 治まる御代こそめでたけれ
一　正月の八日は / からかいのまつりよ / 十四日は鬼踊り / 鳳来寺へ参るよ
(社務所内に掲げられてゐる「笹踊唱歌」と題された扁額記載詞章。扁額末尾には「昭和

十三年一月氏子敬白」とある。「/」は改行を表す。)

　これらの詞章は韻律不定、非定型の短章の集まりで、はやし言葉は「ゲーニモサヨサヨ　カーミモサヨサヨ」である。これらは順番通りに歌はれる。踊りと連動してゐるわけではない。歌ひ始めは踊りの開始が合図となるが、以下、踊りとは無関係に繰り返す。音頭取りは必ずしも必要ではないであらう。実際、音頭取りはゐないのである。

　これらの中で「福の神」や「薬師の十二神」は吉田天王社の類歌である。「豊川の西」以下の8章は豊川進雄神社の歌であらうか。「福仏」などは似た感じの詞章があるにはあるが、あれを類歌と言へるかどうか。他はこの地にあはせて作られた詞章と思はれる。

　ここの笹踊り歌、現行のものは、はつきりしないのだが、20年ほど前からこの形で歌はれるやうになつたらしい。旋律と詞章はそれ以前とほとんど変はらない。ところが例へば休止、楽譜上の休符であるが、これが現在は大体4拍、2小節が基本になつてゐると思はれる。まちがへる歌ひ手はなささうである。この点の共通認識があるらしい。今一つ、Esの音が上下にある。上の音にはアクセントがあるやうである。強拍になる。だから、現在はここだけは叫ぶかのやうに歌ふ。

　ところが、これは違ふと言はれた。本来の歌ひ方ではないのだといふ。10年ほど前の録音を採譜したのを見てもらふと、それは違ふと言はれた。既に変はつてゐるのださうである。では、本来はどのやうな歌であつたか。

　ここでは2種の譜を載せた。最初のが以前の歌、たぶん本来の歌である。演唱者柴田和彦氏(昭和27生)が現役で青年団に属してゐた頃、当時の年寄りに教へられた歌である。休符は、長くても1小節分である。Esが強調して歌はれることはない。後の譜は平成8年録音からの採譜である。今年の録音も(ほとんど)同じ楽譜となる。変はつてゐない。たぶんこの10年前にも既にこの形であつた。休符が多く、Esにアクセントのある現行の歌ひ方である。柴田氏は現在青年に笹踊りを指導してをられる。踊りについてはもちろん、歌についても注意してをられるのだが、青年の方はなかなか改められないといふ。延々と繰り返し歌ふからには、しかも暑い中である、この方が休符の多い分だけ楽なのかもしれない。

　音階は明らかである。開始音C、終止音Es、使はれるのはEsBCEsの4音である。音域は1オクターブあるが、EsからEsへの下降、上行がなければ4度の音域である。つまりこれがそのままテトラコルドとなる。BCEsである。階名読みでソラド、つまり律音階である。中間音Cが多用されてゐるが、これが終止音になることはない。この点からも律音階と考へて良い。

7
境内末社前
大太鼓が小太鼓の間を
抜ける前
平成22年

7 当古進雄神社（豊川市当古町）

当古は「豊川下流右岸、下郷と呼ばれる沖積低地の東部に位置する。」(「角川日本地名大辞典」23 愛知県 873頁)トーゴ(たうご)と読む。かつては吉田藩領、所謂姫街道の渡しの地であり、この渡船は「昭和9年、当古渡船が鉄橋に代わ」(「豊川市史」〔昭和48〕581頁)るまで続いた。豊川の水運では、上りの場合、吉田湊から新城までは「2日行程であって、朝、船町を船出した船は、当古村までで夜になる。」(同580頁)といふ事情から、当古にはその船頭の泊まる船宿が二軒あつた(同前)といふ。

当古進雄神社は「三河国宝飯郡誌」第四集に、「長徳年中ノ勧請トイヘリ慶長十五年以后ノ棟札存ス由緒書等ハ文禄四年八月洪水ノ流出ス古老ノ申伝ヘニ云疫病流行ニ付祇園ノ社ヲ勧請ス」(7～8頁)とある。例祭日は7月15日であつたが、現在は10月第3土曜、日曜に行はれてゐる。

豊川水運の縁ででもあらうか、当古進雄神社例祭に古くから笹踊りが行はれてきた。「大林外記神主在職(文化二年一八〇二より天保十三年一八四二まで四〇年間)当時、己が太鼓を打ち助十に笹踊を踊らせ、其技の巧なるにつき爾来指導者にしたと(大林外記孫宜談)」(鈴木範一「豊川市当古進雄神社記」28頁)あるのがその最初で、その後、天保13年(1842)頃に、吉田の上伝馬から養子に来た助十といふ者が笹踊りの指導者になつた(同28～29頁)といふ。上記の助十であらう。この助十以前は、指導者を吉田から招いてゐた。これらは助十の孫に当たる内藤瀧三郎(嘉永2〔1849〕生)からの聞き書きである。私には確認のしやうもない。吉田天王社祭礼で笹踊りを出すのは萱町と指笠町である。上伝馬は両町隣接であるが、笹踊りは出さない。助十がどのやうな形で笹踊りと関はつてゐたのか、単に教へられ指示された通りに踊り、かつ教へてゐたのかどうか。これは是非とも知りたいところである。いづれにせよ、これは当古の笹踊りに関する正しい伝承であるのかもしれ

ないと思ふ。

　笹踊りの吉田天王社、現吉田神社は城内の天王様であつた。吉田湊のほんの少し上流になる。豊川堤防を歩けば5分、いや10分とかからない距離である。上伝馬も吉田湊から歩いて10分程度であらう。吉田天王社の氏子が(仕事の関係等で)当古を訪れることは日常的にあつたであらう。助十養子も吉田からの師匠招聘も十分にありうることである。

　そんな地ではあつても、当古の笹踊りはしばらく行はれてゐなかつた。間宮前掲論文には、昭和43年「現在天野才次氏五十年来の師匠である。」(55頁)とあるから、東京五輪後しばらくは行はれてゐたのであらう。それがいつ行はれなくなつたのか、これを私は知らない。それが平成6年に復活し、その後しばらく続いた。この時の様子は「新編豊川市史」第9巻民俗に詳しい(1152頁)。その後、また行はれなくなつたのだが、平成17年に再度の復活をして翌18年も行はれた。

　実は、これよりかなり前に、当古では手筒も出されなくなつてゐたといふ。それを有志が当古手筒煙火愛好会を結成してまづ手筒を復活させ、その中から笹踊り復活の話が出て、先の平成6年の復活につながつたといふ。さうしてこの間、一度は途切れたものの、前述のやうに平成17年、笹踊りが再び復活し、鬼も本当に久しぶりに復活したのであつた。ただし、笹踊りは「以前は宵祭りと本祭りの両日、進雄神社と秋葉神社の前で奉納していた。」(「新編豊川市史」民俗1152頁)のだが、この時は宵祭りの手筒花火の前に(末社も含む)進雄神社境内数か所で踊られた。鬼も笹踊り前に出てお菓子を撒いた。

　ところが、現在、笹踊りは踊られてゐない。私が録音したのは平成18年、手許には平成22年の写真がある。平成24年は鬼だけである。このあたりがこの時の復活の最後であつたらしい。それ以後、現在に至る。ただし、鬼はその間もずつと出てゐる。やはり手筒前である。鬼の役割は、下郷系の鬼のほとんどがさうであるやうに、菓子(主にキャンデー、飴)撒きである。これは子供達に人気がある。鬼が出て笹踊りが出ない理由を尋ねたら、笹踊りは練習しなければならないが、鬼は練習の必要がないからだと言はれた。面と衣裳を着けて菓子を撒けば良いのである。確かに練習不要、負担が少ないといふことであらう。さうであるに違ひないのだが、これではいささか寂しい気がする。

　実は当古では獅子も出なくなつて久しい。少子化ゆゑに、獅子役の青年16名をそろへられないからであるといふ。これらはいづれも本祭り神輿渡御時に出るものであつた。それが、現在は宵祭り夜の手筒前の鬼だけになつてしまつた。笹踊りは復活の話が出てゐると何度か聞いた。実際に復活してほしいと思ふばかりである。

　笹踊りの踊り手は青年である。「系図の正しい家柄」(間宮前掲論文55頁)の20歳前後の未婚男子である。衣裳は、赤の飾り紐付き牡丹模様の金地中高笠をかぶり、金地に亀甲文の陣羽織、水色地に小紋の裁付袴である。顔を隠す赤布は笠につけてあるといふ。この衣裳は、笹踊りが出ない年には拝殿隅に太鼓とともに置かれてゐる。

下郷系の鬼
東三河の祭礼に出る鬼を、私は仮に、鬼祭・石巻系、下郷系、宝飯北部(本宮山南麓)系に分けてゐる。下郷系の鬼は、腹にザルを入れて菓子を撒くのを特徴とする。

踊りは以下の如くである。小太鼓、前進外側から三打。止まつて両手で三打。右足を出し、右手を大きく回す。向きを変へて同じく。小太鼓、前進外側から三打、後退外側から三打、止まつて両手で三打。右足を出し、右手を大きく回す。向きを変へて同じく。小太鼓、前進外側から三打、後退外側から三打、止まつて両手で三打。小太鼓、右手足を大きく出して左右の位置替へ（Ａ）。大太鼓、手を大きく振つて小太鼓の間を歩いて抜ける（Ｂ）。以上を３回繰り返す。最後で小太鼓は向きを変へ、大太鼓はそれにあはせて移動する。以下、繰り返しである。吉田神社とはいささか異なるが、踊りの基本は共通する。

　歌ひ手も本来は青年であつた。麻の葉文の法被を着て日の丸の扇子を持つ。私は笹踊りでの笹持ちはこの中の２人であつたと記憶する。ところが、平成６年のビデオを見ると笹持ちは４人であつた。鈴木範一「豊川市当古進雄神社記」によれば、神輿渡御の行列の最後に「笹踊　鬼形　惣若者」(15頁)が従ふらしい。笹持ちは書いてない。笹踊りに従ふに違ひないのだが、その人数と位置関係は不明である。

　現在は少子化の時代である。「惣若者」といつても昔ほど多くない。それもあつて、復活後の宵祭りは手筒花火中心である。その主体は手筒煙火愛好会である。それゆゑに、愛好会には若者も多いが、笹踊り歌の歌ひ手は手筒煙火愛好会となる。歌ひ手をケーゴといふ。笹踊りを警固するのである。これは神輿渡御に笹踊りが出てこそ意味のある呼称である。詞章は以下の如くである。

1　この御社の／その古を／尋ねれば／人皇七十三代／堀河天皇の大御世で／嘉承元年／祇園の社を／御勧請／然も実にもよー
2　この御社の流れしは／文禄四年の八月で／慶長の十四年／再度の造営奉る
3　七月の十四日花火のかがりを奉る
4　天下泰平／五穀成就／めでたき祭りぞ
5　倭文や倭文や／倭文の苧環／繰り交わせ
（鈴木範一「豊川市当古進雄神社記」〔昭和37年、謄写版、刊記、奥付なし。〕所収詞章。）

これらの詞章は韻律不定、非定型の短章の集まりである。はやし言葉は「サモゲニモヨー」である。１と２では先の祇園社勧請が歌はれてゐる。３、４は祭礼関連である。最後の５は賤の苧環である。「吾妻鏡」文治２年（1186）に収める、静御前が頼朝の前で義経を思つて詠んだ、いや歌つた歌「しづやしづしづのをだまきくり返し昔を今になすよしもがな」による。この上の句にほぼ等しい。これは他社には見られない詞章である。

　これらの笹踊り歌を歌ふ時、ケーゴは数人で肩を組んで独特の動きをする。楽譜の×の譜頭が音頭取りの歌ふ部分である。これは叫ぶが如き歌ひ方である。牛久保同様、最後が少し下がるやうである。音頭取りは特に決まつてゐないし、特別な呼称もない。誰でも良

い。歌を出す。すると、その歌を出した者を含むグループが肩を組んだまま走つて移動するのである。方向は適当であらう。この繰り返しである。笹踊りの後をついていくでもなく、取り囲んで隠すでもない。ついていくにはついていくが、歌を出すと走る、これが基本である。境内何か所かで踊る時に歌ひ、移動する時はワッショイ、ワッショイとかけ声をかける。これが踊り終はるまで続く。歌ひ手のかういふ動きは他では見られない。

　笹踊り歌は、音頭取りの部分を除くと、ADの4度音程2音でできてゐる。はやし言葉の「然も実にもよー」の部分はほとんど聞こえない。この部分では既に次の歌が出されてゐる。前の歌に被さつてゐるのである。一度だけ辛うじて聞こえてゐるかの如き時があつたのだが、これとてはつきり聞こえたわけではない。それを一応楽譜にはしておいたが、よく分からないので（　）内に入れて、しかも×の譜頭にしておいた。次回に期したい。

　現時点ではかういふ部分を除いて音階を考へる。すると、当然のこととして、この4度音程の2音がテトラコルドの核音になる。では中間音は何か。これがない、存在しないのである（らしい）。これでは音階を決められない。中間音次第で、律音階、都節音階、民謡音階、そのいづれにもなりうるからである。ただ、私の聴感上は都節音階ではない。律音階か民謡音階かといふところ、これは言はば勘である。あてにならない。

旧宝飯郡一宮町の笹踊り

　旧宝飯郡一宮町は「県の東部に位置し、東は新城市、南は豊橋市、南から西は豊川市、北は額田郡額田町・南設楽郡作手村に接する。三河山地の南部、本宮山南麓あたり、東部を豊川が蛇行して南流する。」（「角川日本地名大辞典」23愛知県2100頁）町名は、「三河国一宮である砥鹿神社が鎮座することに」（同前）よる。前述の如く、ここには5か所で笹踊りが伝承されてゐる。大木進雄神社（旧大木字山ノ奥）、若宮八幡神社（旧上長山字宮前）、素盞嗚神社（旧上長山字下三手川）、白鳥神社（旧上長山字火防）、豊津神社（旧豊津字釜ノ口）、以上である。

8　大木進雄神社例祭（豊川市大木町）

　大木町は西原町や足山田町を囲むやうに、南部を下にして、北部は東西に分かれるといふ、ごく大雑把に言へばU字型、あるいはV字型に広がつてゐる。大木進雄神社はその下（南）の方の西原町の集落のごく近くに位置する。私などは初めて行つた頃、神社は西原町にあると思つてゐたゆゑに、なぜ大木進雄神社かと思つたものである。それほど西原町の集落に近い位置にある。

　大木進雄神社は天王社であつた。創建年等不明であるらしいが、「三河一宮　神社散歩」に、最古の棟札は天正15年（1587）のものとあり、そこに「『奉造立牛頭天王祇園宮一宇』」とあり、中世末に祇園牛頭天王を勧請した社であることが分かる。」（47頁）とある。従つて

8
本祭り
進雄神社参道
大太鼓が小太鼓の間を
抜ける
平成24年

　本来の祭礼日は6月15日であつたが、太陽暦導入後に農繁期と重なるのを避けて4月11日となり、現行の4月第2土曜、日曜となつた。この例祭では、大木が鬼と餅車を出し、西原が笹踊りを出す。大木の鬼は本祭り午後に出る。般若様の面の鬼一匹、旧宝飯郡の本宮山に近い地区に多い、細身の衣裳にオンベ、オンビを持つ鬼である。餅車は最後の餅投げ用の餅を載せた車で、それを青年が運ぶ。

　西原の笹踊りは宵祭りも本祭りも出る。宵祭りは午後5時頃に西部老人憩の家・西原公会堂を出発する。笹持ち1名を先頭に、区長、踊り手、ウタダシ（歌出し）、歌ひ手、青年等が続く。歌ひ手は提灯をつけた小笹を持つ。踊り手は衣裳を着ける。区長は羽織、青年は法被、それ以外は私服である。以前は日が暮れてから出発したさうで、最初から提灯に灯が入つた提灯行列であつたといふ。一行は歩いて5分程度の神社に向かひ、広い神域を抜けてまづ拝殿前で一踊り、そして御旅所の西宮で一踊り、以下、大峰山、金剛寺、オシャグジ（社宮司？）の祠等で踊りながらゆつくりと進む。1か所だけの慰問といふ老人ホームあたりから日も暮れて提灯が必要になつてくる。最後の成徳寺境内の荒神様の祠では、日はとつぷりと暮れて真つ暗である。

　本祭り、一行は午後4時頃に西部老人憩の家を出発する。基本的には宵祭りと同じなのだが、違ふのは衣裳である。区長は裃着用、ウタダシの「親方」（間宮前掲論文54頁、ただし、現在はかういふ呼称はない。代はりに「ボス」と呼ぶとか。）1名は幣を持ち、羽織に深い笠をかぶる。顔を赤布で隠す。他の2名のウタダシは折編み笠をかぶり、紙垂のついた小笹を持つ。この3人以外の歌ひ手も紙垂のついた小笹を持つ。青年は法被ではなく丈の短い浴衣を着て笠をかぶる。つまりは、本祭りである、笹踊り歌の歌ひ手にふさはしい衣裳、あるいは神に対するにふさはしい服装といふことであらう。歌ふのはウタダシを中心とした人々であつて、青年は歌はない。

この日の夕刻、一の鳥居前には大木の鬼がゐて、人々はオンベの五色の紙がほしくて鬼からもらはうとしてゐる。この紙は縁起物である。しかし、鬼はさう簡単には紙をくれないので、追ひかけつこになつたりする。そんなところに笹踊りと餅車が行くのである。この場で笹踊りは踊られないが、笹踊り歌は歌はれ、笹踊りの太鼓は打たれてゐる。歌はれるのははやし言葉「ヤンヨーガミ」のついた歌である。「サーゲ」の歌はおとなしくてこの場には合はないといふ。このやうに笹踊り歌が歌はれてゐる時、大木と西原の青年の、餅車の引き綱を間にした揉み合ひが行はれてゐる。引きつ引かれつ、押しつ押されつのなかなか激しいものである。それをしばらく続けた後、餅車を先頭に一行は一の鳥居を潜つて神域に入り、二の鳥居、拝殿前に進む。拝殿前で一踊りの後、神輿渡御である。御旅所での神事終了後に一踊りして帰りの道中、その途中から踊りつつ拝殿前に帰る。以上、両日とも、笹踊りは夕方から何度も踊られる。

　笹踊りの踊り手は小学校高学年の男児である。両日とも同じ色柄の衣裳を着るのだが、宵祭りには(継ぎのあたつた)古い衣裳である。金地の飾り紐つき中高塗り笠、腕に朱の飾り付き紺の上衣、裁付袴である。本祭りには笠に赤い布を垂らし、なほかつ顔を赤布で隠す。これはウタダシ「親方」も同様である。

　踊りは、やや中腰で太鼓を打ちながら足踏み(D)、七打目に跳躍(C)、両手を上げて一歩下がり、大太鼓が小太鼓の間を(3呼吸で)抜ける(B)。この繰り返しである。足踏みといひ、跳躍といひ、大太鼓が小太鼓の間を抜ける所作といひ、いづれも牛久保笹若組を思はせる。

　前掲の間宮照子「三河の笹踊り」(「民俗芸能」33)には、「元禄十年神社焼失のため資料はのこされていないが、その時すでに笹踊は行われていたと云われる。新城より伝わったと古老の一人は云われた」(53頁)とある。笹踊りが「新城より伝わった」のであれば、現状の踊りは新城とは違ふので、それ以後のいつの頃かに、牛久保方面の踊りの影響を受けて現状のやうになつたといふことであらう。

　笹踊り歌は以下の14章である。表紙に横書きで「進雄神社　笹踊唄台本　三若連」とあり、縦書きの本文末尾に「昭和四十七年四月吉日」との日付を持つ謄写版印刷の冊子を底本とし、行頭には塚田が仮に番号を付しておいた。

1(一)進雄ヘ参リタヤ福ノ神ヲ給フタ参リノ人ノ祝ヒナルランヤンヨ神モヤヨヤンヨー
2(一)聖王ト申スハ当土ノ国ノ神々国民ノ為ニトテヤア　国民の為ニトテ此ノ国ヘ天降リテ君ヲ護リ給ヘヨサーゲ
3(一)進雄ノ末社ニハ竝ニヤゴロ千護ノ宮高見ノ御前ヤンヨ神モヤヨヤンヨー
4(一)次に荒御玉ノ尊ヨ東ニ天神西ニ蛭子尊ヨ北ニ御社宮司南ニ御池す尊ヨサーゲ
5(一)鶯ガ御山渡リヲスル時ハ里ヘ降リテサヨトナルランヤンヨ神モヤヨヤンヨー

6(一)ほととぎす桜ノ枝ニ巣ヲカケテ育テテ雉ニ合セナルランヤンヨ神モヤヨヤンヨー

7(一)昔ナル奈良ノ都ノ八重桜名所ノ花ト眺メナルランヤンヨ神モヤヨヤンヨー

8(一)熊野ナル入出ノ奥ノなぎの葉ハイガキニ立ツル榊原何ノ記シナルランヤンヨ神モヤヨヤンヨー

9(一)鹿の鳴ク音ニ夢サメテヤア鹿ノ鳴ク音ニ夢サメテ秋ハ心面白カルランヤンヨ神モヤヨヤンヨー

10(一)姫島ヲ差出テ見レバ笠島ヨサーゲ

11(一)沖ノ白波見下セバヤア沖ノ白波見下セバ汐見坂ハ名所ヨサーゲ

12(一)新居橋元千本松は西東ノ名所ヨサーゲ

13(一)沖漕グ舟ニ袖ぬれてヤア沖漕グ舟ニ袖ぬれてぬれてサアサラ面白カルランヤンヨ神モヤヨヤンヨー

14(一)進雄ノ神ノ利生ノ著キ氏子ノ栄ヘ久シカルランヤンヨ神モヤヨヤンヨー

　これらの詞章は韻律不定、非定型の短章の集まりである。はやし言葉は「ヤンヨ神モヤヨヤンヨー」と「サーゲ」である。ここでは全14章のうち、1 2 6 10 11の5章だけを採譜した。祭礼当日には他の詞章も歌はれてゐるのだが、しかしこれは聞き取りにくい。しかも、ここから採譜した楽譜は保存会の方達からかなり違ふと言はれてしまつた。そこで、場を改めていろいろとうかがつた機会に、わざわざ歌つていただいたものから採譜し直した。ここではポイントになりさうなもの、これはあくまで私の考へで、といふより、その場の話の流れの中で適当に選んでと言つた方が正しさうであるが、だけを歌つていただいた。それがこの5章である。

　類歌は吉田天王社に多く見られる。1、2と5から13までがそれなのだが、「福の神」はもちろん、11「汐見坂」、12「新居橋元」もよく見られる詞章である。それ以外では、3と4で豊川進雄神社「豊川の西に若宮」や上千両神社「御神社の末社には」の詞章に近くなる。最後の14もここの詞章であらうか。他には見られないやうである。

　この詞章の類歌からすると、吉田神社、吉田天王社との関係が強い。新城も同様と言へようか。先に記したやうに、もともとは新城から来た踊りが、何らかの事情で、後に牛久保方面の踊りに変はつたことを予想させる。

　先に上千両神社で、上千両は、西原に小作に行つてゐた人が伝へたと書いた。西原で聞いたことである。さう思つて笹踊りを見ると、この2か所は明らかに似てゐる。踊り手は子供である。衣裳はほぼ同じ、笠に赤布を垂らす。踊りの所作も最初のやや中腰での大きな足踏み(D)、大太鼓が小太鼓の間を抜ける(B)はともにある。ただし、(3呼吸で)歩いてと跳んでの違ひはある。それより大きな違ひは上千両には抜けた後の跳躍がないことである。更に、詞章を見ると、3、4だけでなく、「福の神」「鶯」「ホトトギス」「鹿」「沖の白波」

も類歌である。上千両から見れば、全9章中6章が西原と重なる。吉田天王社と重なるのとはわけが違ふ。西原の伝承からしても、上千両と西原の関係は明らかであらう。

　ちなみに、上千両で記した踊り手の子供達の薄化粧についても、新城との関係をうかがはせる。西原は白塗りでもないし、薄化粧もしてゐない。現在の踊りは新城といささか違ふ。これは、むしろ、西原を介して、新城と上千両がつながつてゐることを示してゐるのではないか。最初、新城から西原に新城の笹踊りが伝はり、やがてそれが豊川の踊りに変はつた。その時、赤布も採り入れられたのかもしれない。その踊りが西原から上千両に伝はつた。踊り手の白塗りと笠、顔隠しの赤布もここで伝はつたのだが、上千両ではタレと白塗りを薄化粧として残した。これが上千両の現在の踊りである。かう考へれば、上千両の薄化粧と新城の白塗りを介して、新城と西原がつながる。いかがであらう。

　ところが笹踊り歌は違ふ。いや、共通点が一つある。歌ひ手が小笹を持つことである。上千両では歌ひ手たるイセオンドが小笹を持ち、西原では小笹、あるいは小笹つき提灯を持つ。逆に、違ひはいくつかある。歌ひ手は西原ではウタダシを中心とする歌ひ手であるのに対し、上千両では通称イセオンドといふ青年が歌ふ。それも笹踊りを取り囲んでである。かういふのは豊川進雄神社でしか見られないのだが、上千両は踊り手が子供のうへに歌ひ手は肩を組む。踊りはほとんど見えなくなつてしまふ。歌は西原も伸びやかな歌と言へようか。上千両のやうに思ひきり延ばすことも、語るが如く歌ふこともないが、決して速い歌ではない。ウタダシまでもが赤布の垂れた笠をかぶり赤布で顔を隠すのにふさはしい歌であらう。

　そんな進雄神社の笹踊り歌は、塚田が最終的に変イ長調に整理してまとめたものである。これによると、使はれてゐるのはEsFAsBCの5音である。この下の3音EsFAsでできるテトラコルドは律音階のものである。ついでに上のBCにはEsを補へばもう一つの律音階のテトラコルドができる。かうすると、Bで終はる「ヤンヨ神」も、Asで終はる「サーゲ」もきちんと核音で終はることになる。つまり西原は律音階である。

9、10、11　上長山三社（豊川市上長山町）

　豊川市上長山町は本宮山南麓にある。旧一宮町で見ればその中央部に位置する。本宮山側から上中下の三地区に分かれ、そのそれぞれに神社がある。上の若宮八幡神社（豊川市上長山町宮ノ前）、中の素盞嗚神社（豊川市上長山町下三手川）、下の白鳥神社（豊川市上長山町火防）である。若宮八幡神社は「慶長十四己酉年九月修造之旨棟札ニ記載アリ」（「三河国宝飯郡誌」第三集33頁）なのだが、創建年等は不明らしい。素盞嗚神社も「創立月日詳ナラズ元和四戌午季仲冬如意珠日修造ノ棟札有リ」（同前）とある。更に白鳥神社も「創立月日詳ナラズ元亀年中兵燹ニ罹リ神閣遂ニ焦土トナリタルヲ慶長十八年卯月吉日新社ヲ造立ス」（同前）とある。いづれも近世初頭には既に修復されて存在してゐたらしい。

9
若宮八幡神社拝殿前
大太鼓は小太鼓の間を
抜けない
平成26年

10
素盞嗚神社御旅所
太鼓を抱へる
平成26年

　この三者を別々にしないのには理由がある。オトリモチ（お取り持ち）である。かういふ相互扶助的な仕組みは他にもあるのかもしれないが、私は上長山でしか知らない。上長山の奈煙社の青年は己が氏神の例祭に奉仕するのは当然として、他の二社の例祭にも奉仕するのである。例へば上の青年はオトリモチで中と下の例祭にも出るのである。その役割は、神輿渡御時の笹踊り歌の歌ひ手といふことであらうか。本祭りの午後、神輿渡御の始まる前に青年は他社に行く。例祭神事前に、笹踊りが境内から神社のあたりを少し踊り歩く。その時、奈煙社の青年が自社と他社で揉み合ふ。本来は笹踊り歌を歌ひ終はつた後に揉み合ふことになつてゐるらしいのだが、実際には最初の一節を歌つただけで揉み合ふなどといふことが多い。完全に歌ふことはめつたにない。その後に神事が始まると笹踊りの踊り手は拝殿内で参列するのだが、他の青年は拝殿前に地区別に整列して参列する。さ

うして代表が玉串奉奠をする。その後に笹持ち、笹踊りを先頭にした神輿渡御に移るのである。このオトリモチゆゑに、上長山の笹踊りでは踊りと詞章は三社三様でも、歌(の音楽的部分)は同一になつてゐる。歌詞は歌詞カードで分かるけれど、楽譜を見てもすぐに歌へないから同じ旋律でといふことである。

　まづ詞章を記す。三社三様、オリジナルである。

11
白鳥神社拝殿前
太鼓を抱へる
平成26年

　若宮八幡神社
ゲーニモサーヨー
若宮のやはたの神がいでまして
見はるかします南には
豊川　清き流れあり
北には砥鹿の嶽高く
西と東の山あいに
ゆたかに建てる家々の
民のかまどに煙たつ
いえとこひさに守りませ
いやまもりませ　セー

　素盞嗚神社
ゲーニモサーヨー
素盞嗚の我が大神の御祭りは
古きためしと年毎に
つかえまつれる笹踊り

そのわざおぎのみやびたる
そのわざおぎのおもしろさ
みふみにつたわるあとしるく
わざなす神はまがごとを
はらい守りみましましす
よにみまします　セー

　白鳥神社
ゲーニモサーヨー
この里に遠き昔ありませる
我が白鳥の大神は
そのいましきみしわざに
御名をたたえてやまとたけ
猛き氷は西東
えみしことごとたいらげし
そのいさおじをおおぎつつ
祝いぞ祭る千代もませ
いやまもりませ　セー

韻律はいづれも七五音中心、といふよりほとんど七五調である。はやし言葉はゲーニモサーヨー、最後のセーもはやし言葉ではあるが、実際は揉み合ひに入る合図とでもいふべきものであらう。現在はこれよりかなり前の段階で揉み合ひに入ることが多い。これを除くといづれも9行、18句からなる。山本秀蔵、あるいは山本貞蔵作詞と伝へる。上の前川正利氏によれば、この2人は兄弟でともに神職を務め、兄貞蔵は明治3年(1868)生まれであつたらしい。現在は豊川市一宮町になつてゐる砥鹿神社の幕末の神主草鹿砥宣隆は明治2年に逝去してゐる。この2人、わずかの差で草鹿砥との接点はないことになる。しかし、もしかすると2人とも草鹿砥の孫弟子くらゐにはなるのかもしれない。
　大原紋三郎「富永神社史」の神職の章中に「詞官・社司」といふ項があり、そこにかうある。

明治初年詞掌の上に詞官というのがあって、明治十年十二月の書類を見ると、詞掌鈴木得一郎、詞官太田金十郎と併記されている。この詞官は後に社司と改称され、社司は旧制で府社、県社、郷社の社掌の上に位し、祭祀、庶務を管理した判任官待遇の神職と明記されている。(中略)社司については明治二十九年二月、社司候補者推薦書が提出されて、当時の宝飯郡本茂村大字東上の山本貞蔵が就任し、同三十一年には現市内八束穂の山

内五寿雄に代り云々(92〜93頁)

　これが兄の貞蔵である。これだけでは生年等不明な点が多い。先の前川氏によれば、貞蔵、繁蔵の父は新城の人で天保2年(1831)生まれ、東上に養子に入つたといふ。従つて、貞蔵はもともと新城に縁のあつた人物であるが、この記述から、富永神社に関係してゐた神職であつたことが確認できる。貞蔵社司在任中に上長山の笹踊りが始まつたかどうかは分からない。もちろん、社司就任以前に貞蔵が富永神社に勤めてゐた可能性はある。だからこそ社司になれたのかもしれない。しかし、貞蔵のこれ以外の履歴は不明である。父の代からの新城との関係からすれば、富永神社との関係の有無に関はらず、貞蔵社司就任以前に上長山の笹踊りが始まつた可能性はあらう。そして、貞蔵、あるいは繁蔵が上長山三社の笹踊り歌の詞章の作詞者であることは十分にありうることである。

　現時点では、以上のこと以外に2人に関しての詳細は不明である。詞章の内容が神道的といふのはいささか大袈裟かもしれないが、敬神の念の色濃い内容は、それなりの素養を持つた人物でないとなしえないものである。後考を俟ちたい。

　笹踊りの衣裳も三社三様であるが、いづれも華美ではない。間宮前掲論文には、上の若宮八幡神社の衣裳について、「さらさ柄(木綿)着物型(粗末)」(55頁)とわざわざ記してゐるくらゐである。以下の如くである。上は折編み笠、紺地に菊花の上衣、裁付袴、中は緋の飾り紐つき折編み笠、笹の葉様に紺地の上衣、裁付袴、下は花串を刺した銀地中高笠、朱地に麻の葉の上衣、裁付袴、こんな感じの衣裳である。下の花串を挿した笠が珍しい。この花串、旧一宮町の本宮山麓でよく見かける祭り花の類である。いづれにしても、上長山の衣裳は町の豪華な金襴とは違ふ。

　踊りは以下の如くである。

　上の若宮八幡神社、宵祭りは午後5時から一踊り、神社周辺を拝殿前から一回りである。その道中、小太鼓前の隊形で、3人とも太鼓歩いて四打、小走りで五打、歩いて三打と繰り返し打つ。参道鳥居で四打、小太鼓は後ろを向く。小太鼓、大太鼓、3人向き合って前進、横一列に並ぶ(B?)。三打しつつ3人後退、四打して向きを変へて道中の隊形に戻る。小走りで五打、歩いて三打、以下拝殿まで道中の太鼓を打つ。拝殿前で再び鳥居の所作を繰り返して終はり。これだけである。基本は太鼓を3、5、4と打つことである。易しい。子供でも3分で覚えることができるとは地元の方の言である。なほ、本祭りにも神輿渡御前に上記の一踊りがある。

　上の踊りは三社だけでなく、どこよりも易しい笹踊りなのだが、実はかつては三社で最も難しい踊りだつたと、先代の社守故権田一雄氏や他のお年寄りから聞いた。権田氏は大正13年生まれである。現在の踊りしか知らないが、昔の踊りは立派だつたと言はれた。明治の終はりか大正の初め頃の火事で衣装等が焼け、それ以来、踊りが簡単になつたさうで

ある。史料等が残つてゐないので詳細は不明であるといふ。

　中の素盞嗚神社の踊りの特徴は、3人六打してやや前傾（E）を二度、小太鼓一打、これを各所作の区切り毎に行ふことである。他には見られない特徴である。以下、この所作は一々記さない。小太鼓前、大太鼓後ろの隊形から、小太鼓2人向き合ひ、更に後ろを向く。大太鼓後ろに反りつつ、片手を交互に頭上に上げる（F）。小太鼓の間を大太鼓が抜ける（B）。太鼓を抱へて打つ。再び小太鼓の間を大太鼓が抜けて（B）元の隊形に戻る。大太鼓が行つて帰るまでの踊りである。この太鼓を抱へる所作は上長山でしか見られない。他地区と違つて、太鼓が腹に固定されてをらず、首から提げてゐるからできるのである。神輿渡御の前と御旅所でそれぞれ一踊りである。

　下の白鳥神社、小太鼓前の隊形から、小太鼓2人向き合ひ、更に後ろを向く。3人、三打前進、三打後退、縁打ち一打する。太鼓を抱へて打つ。小太鼓六打する間に、大太鼓、片手を交互に頭上に上げて（F）から縁打ち一打。太鼓を抱へて小太鼓の間を大太鼓が抜ける（B）。以上繰り返し、最初の隊形に戻る。ごく大雑把に言へば、中と下の踊りの基本は変はらない。太鼓を抱へる所作もある。たぶん、その昔の上の踊りもこんな感じであつたらうと想像する。なほ、下でも神輿渡御の前と御旅所でそれぞれ一踊りである。

　上長山三社の踊りは以上のやうに三社三様である。上の若宮八幡神社は簡略化された結果としてあるといふ。私もさうであると思ふ。例へば上長山独自の太鼓を抱へる所作がない。大太鼓が小太鼓の間を抜ける直前でもどる。3人は横から見ると一直線に並ぶのだが、前進せずにすぐにもどつてしまふ。それゆゑに（B）になりそこねて（B？）である。この現状を見る限り、敢へて言へば、豊川の牛久保の踊りに近いと言つて良いかどうかといふところ、本来は上長山の中と下の仲間に入つてゐたであらうのにである。

　ところが歌は違ふ。正確には旋律であるが、これは同一である。それも、一言で言へば旋律のないリズムだけの歌である。例へば最初のはやし言葉ゲーニモサーヨーはタータタータターといふリズムである。とりあへず八分の六拍子で採譜してある。以下、上ならば「若宮の」以下、大体がタータータターターといふ感じで歌はれる。従つて、音階を考へる必要はない、考へることはできない。

　上長山の笹踊り歌は笹踊りの道中で歌はれる。宵祭りや神輿渡御前の一踊り、そんな時にオトリモチも含めた奈煙社の青年が歌ふ。笹持ち2名が先導する。ゲーニモサーヨーから始まつて、最後のセーを歌ひ終はると地元と他二社の揉み合ひとなる。ところが、最近はそれが早くなつた。前述の如くである。私がここの歌を最初から最後まできちんと歌つたのを聞いたのはたぶん一度だけである。その一度があつたから採譜できた。それ以外は遅かれ早かれ、歌ひ終はる前に揉み合ひになつてしまふのである。採譜は上の若宮八幡神社の録音でまづ行ひ、その後、社守やお年寄りの話から楽譜を作成し、それを何人かの方に見て、いや聞いていただいて完成させた。中と下は私自身が最後までその歌を聞いたこ

とがない。この点、御海容を乞ふ次第である。

12
豊津神社拝殿前
大太鼓が小太鼓の間を
走つて抜ける
平成28年

12 豊津神社（豊川市豊津町）

　豊川市豊津町は豊川下流域右岸、旧宝飯郡一宮「町の南部、北は松原、東と南は豊川を境に金沢・豊橋市、西は一宮に接する。」（「角川日本地名大辞典」23愛知県2013頁）地である。

　以下に、内藤賀大氏提供の、作成年不明の詞章「豊進舎歌」によつて豊津の笹踊り歌を記す。

一、そもそも当社の御社は
　　　明治二十七年に
　　　日下部・石宮・すさのお
　　　豊津神社となりにけり
　　　末社には、稲荷秋葉に
　　　おくわの神を奉る
二、北には、本宮、山の峰
　　　東には、清き流れの豊川よ
　　　西と南は平らかで
　　　土地は福寿の名所なり
　　　十月　　　　　には
　　　花火のかがりを奉る（「豊進舎歌」）

一部の表記は塚田の考へで私に改めた。この詞章は採譜のとは小異がある。柴田晴廣「牛久保の若葉祭」所収詞章ともいささか違ふ。参考までに以下にそれを記す。

52

そもそも当所の御社は 明治二十七年に
日下部、石宮、素盞嗚が 豊津神社となりにける
末社には稲荷秋葉に 御鍬の神を奉る
北は本宮山の峰 東に清き流れの豊川や
西と南は平らかで 土地は福地の名所なり
五穀成就を祈り奉る
十月二十四日 二十五日 花火の篝を奉る
總連中總連中やんよやんよ（「牛久保の若葉祭」357頁）

小異もあるが、大きな違ひは「五穀成就を祈り奉る」と最後のはやし言葉「總連中總連中やんよやんよ」の有無である。かつてはこの詞章のやうにはやし言葉付きで歌はれてゐたが、現在ははやし言葉と「五穀成就」が省略されて歌はれてゐる。それでも基本的な内容は変はらない。「豊進舎歌」二の「十月」の後の空欄に、現在は「二十四日」が入つてゐる。かつての祭礼日である。はやし言葉の「やんよ」はヤンヨーガミのヤンヨであらう。意味不明になつて省略されたのであらうか。

　豊津の詞章の最初は神社の成立事情である。「三河一宮　神社散歩」によれば、それは以下の如くであつた。

明治27年に日下部村の日下部神社へ、中島村の石宮神社を合祀して豊津神社と称した。翌明治28年に井之嶋村の素盞嗚神社を併合して豊津神社に統一したのである。三社を合併したので祭神は3柱となるはずであるが、日下部神社の元和9年（1623）の棟札を見ると「奉造天王為宇治子御立願也」とあるので旧天王社であったことが分かる。（中略）日下部と井之嶋の祭神は同一神であるので、豊津神社の祭神は2柱の神となっているのである。（105頁）

正確には明治28年三社合祀であつた。豊津神社の笹踊りはその時に当古から伝はつたといふ。これは史料等が残つてゐないので確認はできないが、豊津では広く言はれてゐることである。豊津は、「地名は豊川に１つの渡津（渡船場）があったことからともいう。」（角川前掲書911頁）とあるやうに、豊川水運の地であつた。かつては、先述の当古からなら、陸路より船の方が早かつたであらう。水運でつながる。現在ならば車で10分くらゐか。距離的には堤防沿ひに行つて７キロといふところである。遠くない。地理的に、笹踊りの当古からの伝来は十分にあり得る。

　笹踊りの衣裳は、赤の紐飾り付き黒字に金の中高笠、腕に黒の飾り付き朱の上衣、赤の裁付袴である。踊りは宵祭り夜と本祭り午後に踊られる。小太鼓２人が前で進む道中から

踊りに入る。まづ、大太鼓と小太鼓が離れて向き合ふ。小太鼓は1人は大太鼓側に向き、1人はその反対側を向く。次のその向きを逆にしてから、小太鼓の左右位置替へ（A）その後、大太鼓が小太鼓の間を走り抜ける（B）。以上を、境内末社稲荷神社前で1回、拝殿前では3回繰り返す。全昌寺等では1回だけである。

　宵祭りは以下のやうに行はれる。午後7時、日が落ちてから神社出発である。行き先は全昌寺、墓地は神社前にある。その山門で一踊りするのであるが、そこに秋葉神社の常夜灯がある。御旅所である。その間、豊進舎の青年は爆竹を出しながら笹踊り歌を歌つてゐる。神社に帰着すると、末社稲荷神社等で踊るのだが、境内は真つ暗である。そのうちに花火が始まる。ごく小さな手筒花火、ヨーカン花火である。これを踊り手に向けて次々と出す。さうして踊りが終はつて踊り手が拝殿内に入ると銀瀧が拝殿を隠す。いよいよ手筒花火の始まりである。かくして手筒は続く……このやうな花火の中の笹踊りは豊川進雄神社とここ豊津だけである。かつての吉田天王社、吉田神社の火垢離（間宮照子「三河の笹踊り」〔「民俗芸能」33〕54頁、須藤功「大絵馬ものがたり」4祭日の情景51、52頁）もかくやであらう。

　ちなみに、文化15年（1818）成立の中山美石「参河吉田領風俗」（近藤恒次編「三河文献集成　近世編」国書刊行会本下604～605頁）にはかうある。「サヽ踊といふもの出る家（サヽオドリ宿と云ふ、原文割り注）にては、いと小く低き萱家の中にて花火を間もなく放ち玉火大なしなどいふをも放つなり。」これは屋内での花火であらう。あれだけの花火の中での豊津でも、さすがに屋内で花火はない。

　本祭りは午後1時に神社出発である。この時は獅子と鬼もそれぞれ集落内に繰り出す。獅子は中に4人入る砥鹿神社系の獅子である。鬼は3匹、赤、青、そして茶系といふかベージュといふか、少々変はつた色の、ババ鬼と通称される鬼である。いづれも白木に幣のついたゴヘー（御幣）を持ち、首からタンキリと粉の入つた袋を提げる。当古から伝はつたのなら下郷系の鬼なのだが、白木のゴヘーを持つのが珍しい。昔はタンキリではなく油菓子であつたといふ。粉は、もちろん、老若男女にかかはらず、投げつけ、塗りつけるためのものである。見てゐると実に豪快に塗りつけてゐる。この点は石巻系の鬼に通じる。私は集落外の人間なのでねらはれることはなからうと思ふものの、万が一のことを考へて鬼には近づかないやうにしてゐる。そんな危険な鬼である。神社を出てどこに行くのか知らない。集落の人に鬼の居場所を尋ねても分からないと言ふ。実際、分からないのである。獅子も同様、いづこかに行き、どこをどう回つてゐたのか、午後4時過ぎになると帰つてくるのである。それに対して、笹踊りだけは全昌寺を最初にして順路を回る。午後3時頃には神社近くの民家に帰着して一休み、その後、4時近くに境内に入つて最後の長い一踊りである。笹踊り歌は、この間、ほとんど休みなく歌はれる。豊進舎の青年が笹を持ち、一升瓶を持ち、盛大に爆竹を鳴らして、歌ひながら笹踊りについていくのである。

この笹踊り歌、私は知らなかつたのだが、現在、歌はれてゐるのは1番と2番であるといふ。私はあれだけで完結した一まとまりの詞章だと思つてゐた。さうではないらしい。内藤賀大氏によれば、もともとは5番まであつたといふ。正確なことは分からなくなつてしまつたらしい。しかし、上記の詞章で1番と2番なのである。

　この詞章は豊津独自の詞章である。しかし、豊津の「十月二十四日　二十五日　花火の簣を奉る」(柴田前掲書357頁)は当古の「七月の十四日煙火の簣を奉る」と同じである。他にこの類の詞章は見られないやうである。ここでも当古と豊津の関係をうかがふことができる。

　韻律は、完全には一致しないが、基本的には七五音中心でできてゐる。音楽的にはリズムだけ旋律なしに近いのだが、CGの2音からできた歌である。ハ長調で言へばドとソである。5度音程は4度音程を越えてゐる。中間音はない。従つて、テトラコルドを作れない。音階は決められない。無理に操作すればいづれかの音階に収めることができるかもしれない。しかし、それは意味のないことである。

　その代はり、ここでまた当古を思ひ出したい。当古は4度音程2音の歌だつた。豊津より2度狭い。当古から豊津に笹踊りが伝はつた時、豊津ではその歌をまねたのではないか。詞章も、神社の縁起を入れたりして、一部をまねて豊津に合はせて作り、旋律は離れた2音の歌を考へた。当古をたぶん意識した。結果的に、それが5度音程であつた。かういふことではないか。かういふ離れた2音の音程の笹踊り歌は当古と豊津、そして後述の新城の富岡だけである。当古と豊津は偶然とは思へない。ここに詞章の類似が加はる。しかも、ワッショイ、ワッショイといふかけ声も共通する。ますます偶然とは思へない。

　先の笹踊りの振りを見ても、ごく大雑把な基本線は当古と同じと言へる。小太鼓が左右の位置替え(A)をした後に大太鼓が小太鼓の間を抜ける(B)。ここである。多少色づけは変はつてゐても、その基本となる部分は豊津にきちんと受け継がれてゐる。そして、この踊りの基本は豊橋の吉田神社の笹踊りと同じものである。かくして、吉田天王社(古田湊)－当古－豊津と、豊川水運でつながつた笹踊りの伝播経路がここにある。豊川市内の当古と旧宝飯郡一宮町豊津に小太鼓の左右位置替へ(B)が含まれる理由は正にこれであつた。宵祭りの手筒花火の中での笹踊りもまたこれであつた。私は、笹踊りは当古から伝はつたといふ豊津での伝承は正しいと思ふ。

旧宝飯郡小坂井町の笹踊り

　小坂井は吉田天王社対岸の下地から近い。豊麻神社の祭礼に先立つ竹もらひは、手筒花火の竹を菟足神社にもらひにいくといふ行事である。山本貞晨「三河国吉田名蹤綜録」の巻一最後の「下地祭礼試楽」に、「夫下地は小坂井菟足神社の産子にして」(豊橋市史々料叢書四206頁)とある。貞晨も氏子であつたからといふより、小坂井は吉田藩領であつたから、

「三河国吉田名蹤綜録」には菟足神社も出てゐる(174頁)。小坂井には吉田藩との関係もあつて、古くから笹踊りがあつたのである。

13
菟足神社二の鳥居
小坂井山車(お車)前
小太鼓の位置替へ
平成24年

13 菟足神社(豊川市小坂井町)

　旧宝飯郡小坂井町は「県の東部に位置し、北から東は豊川市、南は豊橋市、西は御津町に接する。1級河川の豊川河口に近く、西部を佐奈川、南部を豊川放水路が貫流し三河湾に注ぐ。」(「角川日本地名大辞典」23 愛知県 2016頁)その「豊川放水路の右岸に位置する。地名は、段丘に沿って小さな坂道と地下水の湧き出る泉の多いことに由来するという。」(同前552頁)菟足神社はその段丘上に鎮座する。

　菟足神社は古社である。「『延喜式』神名帳の宝飯郡六座のうちに『菟足神社』とある。白雉元年(六五〇)孝徳天皇の勅命により初め柏木の浜に建てられ、天武天皇三年に今の地に遷座したという。」(「愛知県の地名　日本歴史地名大系23」1013頁)この例祭を風祭といふ。本来は旧暦4月9日から11日にかけて行はれるのだが、現在は新暦4月第2金曜、土曜、日曜に行はれる。古社の例祭だけあつて、様々な神事の他に、いくつかの奉納芸能等が行は

れる。小坂井と宿の隠れ太鼓、中島の神子神楽、坂地の獅子舞、そして平井の笹踊りである。

　平井は菟足神社南西の地区である。ここの柏木の浜に菟上足尼命を祀る社があつたとされ、天武年間に現在地に遷座されたと伝へられてゐるのは前述の通りである。そんな関係上、平井は風祭でも重要な位置にある。祭礼の中心たる御鉾を出し、加藤清正等の風流（ふりう）の飾り物を載せた屋台車や笹踊りを出す。本祭りには大榊を先頭にそれらが菟足神社まで行列を組んで行く。三谷祭に於ける松区のやうな立場であらうか。

　ここの笹踊りの由来も古文書等が残らないので不明である。しかし、江戸時代には吉田藩から祭礼費用が与へられ、使者が祭礼に参列して笹踊りを見てゐた（下記引用参照）といふ。それゆゑに笹踊り歌も古いものであらうと思はれる。

　ここでも笹踊りの大太鼓1名、小太鼓2名、歌ひ手たるヤンヨーガミ、これらはいづれも青年が務める。小太鼓は20歳ぐらゐまで、大太鼓は小太鼓を務めた25歳ぐらゐまでの青年である。ただし、現在は少子化による青年の減少で、大太鼓も小太鼓も、そしてヤンヨーガミも中学生が務めてゐる。ヤンヨーガミの人数も少なくなつた。そして現在、笹踊りはあつても笹踊り歌は歌はれてゐない。

　笹踊りは本祭りの午後に踊られる。本祭り午後、平井の一行は地区の八幡社社頭で笹踊り一踊りの後に出発する。笹踊りは菟足神社到着後、休憩、時間調整の後、一の鳥居から二の鳥居、境内拝殿前に向かつて踊りながら移動する。笹踊りを先頭とする一行は拝殿前を3周する。この間、本来は笹踊り歌が歌はれてゐたのだが、最近は歌はれてゐない。歌つても「大明神諸神」と叫ぶぐらゐのものである。すぐに青年（といつても中学生）と（所謂）青年の揉み合ひになつてしまふために歌はれない、いや歌へないのである。3周して二の鳥居を出たあたりで小休止、小坂井の山車（おくるま）の前で通称車踊りを踊る。基本は拝殿前の踊りと変はらない。その後、御旅所に向かふ。宿の山車の前でも一踊りである。笹踊りの後を神輿渡御の一行が続く。御旅所で一踊りしてから平井に帰る。

　「小坂井町誌」にはかうある。平井から菟足神社に向かふ行列と、拝殿前3周に関する記述である。

> この行列は、その昔、柏木の地から神誨によつて現在の地、小坂井の平山にうつされた時の盛儀を今に残すものとされていて、もみ合う笹踊りの青年は、その時の欣喜雀躍の乱舞の姿であろうとされる。（中略）笹踊と笠鉾は神前を3周する。このようにしているうちに、もみ合う笹踊の青年の袖は、いつしかもぎ取られ、はぎとられて、ほとんどが白木綿の腹巻、パンツ姿のたくましい半裸になるのがつねである。（570頁）

昔は「50～60名の若衆」（同594頁）がこれをやつてゐたのである。その青年の歌ふ笹踊りの詞章は以下の如くである。

一番　大明神諸神　しめを引けや引けや／八百万神(ヤンヨーガミ、塚田註)も　そんよそよろ／八百万神も　そんよそよろ

二番　御さじきの御前で　梅はほうろり／まりは枝に　とうまれよ／まりは枝に　とうまれよ

三番　金の金の御へいを　差し上げて／まいろうよう　差し上げて／まいろうよう

四番　卯の花をかきねならびに　ほととぎすやぎすや／八百万神も　そんよそよろ／八百万神も　そんよそよろ

五番　あれをみよ　津島沖でこぐ船は／"ろ"ではやらいで　さんさででて行け／笹の林ぶんぶ／(二廻りの中は右の通りくり返し唱う)／(三廻りめより次を唱う)

六番　笹の林ぶんぶ　さんさででて行け／笹の林ぶんぶ　さんさででて行け／笹の林ぶんぶ　さんさででて行け(かえすがえす)

(「笹踊の歌」と題され、最後に「三州平井青年報国会」と記されたB5番一枚刷りワープロ文書所載詞章。「／」は改行を表す。一部の表記は塚田の考へで私に改めた。)

これを短章の集まりといふには少々無理があるかもしれない。しかし、この一番、二番……は同じ韻律ではなく、それぞれに異なる。五番と六番はつながつてゐるが、全体でまとまつた内容ではない。他の笹踊り歌の中に、上記の類歌は見られない。ただし、倉光設人「三河の笹踊」中神歌篇笹踊神哥集初句索引類歌には平井の類歌も出てゐる。例へば一番では花祭の「大入歌楽覚書　六十一色」の式歌の1章、

請じやに　請じの御注連はいくへ引く　七重も八重もかさね八重(ヨ)引く
　　　　　　　　　　(北設楽花祭保存会「中世の神事芸能　花祭りの伝承」111頁)

の類歌が、各地の神楽系統の詞章から引かれてゐる。注連縄を引くといふ点での類似であるが、これを平井の類歌と言つて良いかどうか。

　二番は中国地方の田歌が多い。この種の詞章は田歌として広く歌はれたらしい。倉光の指摘する以外の類歌も見られる。ここではまづ室町末期と思はれる「田植草子」晩歌三ばんから引く。

梅の木の下で鞠をとうど蹴たれば、／梅ははらりこぼれる鞠は空にとまりた。／とんと蹴上げて鞠をば上手が蹴るもの。／浅黄袴で鞠蹴る殿御がいとほし。／われが殿御は鞠には上手なるもの。(「／」は改行を示す。「日本歌謡集成」巻五近古編216頁)

この前半を中心に、中国地方で田歌として歌はれてきた。その一つ、

島根縣邑智郡の田植歌
梅の木の下でまりをとんとけたれば、梅は、ばらりこぼれる、毬はそらにとまった。
（三一書房復刻版「俚謡集」373頁）

平井が「御さじきの御前で」となつてゐるのは、後述するやうに、吉田藩の関係からである。
　続く三番、四番はないやうである。五番は花祭の

あれを見よ津島ケ沖で漕ぐ舩は　ゆけとは漕がで遊べとよこぐ
（早川孝太郎「花祭」〔「早川孝太郎全集」第一巻〕309頁）

等が載るが、これだと第一句、第二句のみとなる。そこで更に次の１章、

鹿児島縣熊毛郡の艫唄
とろり／＼な、サテモ此舟は瀬戸内海漕ぎ送りか、ヤーレー、艫ではやらじで、歌でやる。
（三一書房復刻版「俚謡集」734頁）

この「艫ではやらじで、歌でやる。」といふ表現を中心とした類歌は、元禄16年(1703)刊の「松の葉」(「日本歌謡集成」巻六315～316頁、同368頁)にも見られるとして出てゐる。最後の六番に類歌はない。これらから、平井の笹踊り歌の詞章は、古くは室町小唄らしき詞章から始まつて、たぶん当時の流行り歌等を博捜してまとめられたらしいことが分かる。
　この平井の歌を私が初めて聞いた時、歌ひ手は既に中学生であつた。「小坂井町誌」の面影はない。一番から通して歌つてゐた、といふより、あまり歌ふこともなく揉み合ひになつてしまつてゐた。再び「小坂井町誌」から引く。

　笹踊は神楽殿と拝殿と宝蔵前では最も慎重で丹念に動作をし、特に宝蔵前では大引踊りを奉納する。維新前はここに桟敷があつて吉田藩から出張してごらんになつたためであり、笹踊りの若衆もここでは「御桟敷の御前で云々」の唄を囃したてる。さて、3周が終わると「笹のはやし」で第二鳥居を飛び出し、御旅所に向かう。(595頁)

本来は一番から六番までを通して歌ふといふことではなかつたらしい。先の詞章中にある「(三廻りめより次を唱う)」といふのは、六番が3週目以前には歌はれなかつた(らしい)ことを教へてくれる。本来ならばこれを歌ひつつ、笹踊りは拝殿前の踊りを終へるのであつたらしい。ちなみに、こんな記述がありながら、「小坂井町誌」所載の詞章には六番が欠けてゐる。何か意味があるのかどうか。

笹踊りの踊り手等の衣裳も「小坂井町誌」から引く。

二、年行司の服装は茶色の短衣(半纏)、金糸で波の縫いとりがあり、同色の角帯をしめ、股引脚絆、草鞋、竹杖をとる。終始笹踊の3人に沿っている。三、笹踊りは、大きな菅笠(三度笠)をかぶり、鼻・口を赤のきれでかくし、目だけをだす。赤色の上衣、市松の裁付袴、白足袋裸足といった特殊な出立ちで、おのおの胸に太鼓をかけ両手に撥を持つ。
(中略)
七、大注連縄は青年が太い青竹をつるしてかつぐ。青年の服装は一様に藺の編笠をかぶり、赤い布で鼻口をかくし、白木綿の腹巻、白パンツ。そして、裾に波を染めぬいた、やや長めの半纏1枚を着る。この青年達も笹踊りという。笹踊りの唄を叫んでは揉み合って供奉する。(594頁)

年行司が笹踊りを見守りつつ先導する。歌ひ手の「笹踊り(さわぎ手)」(570頁)は歌つたり揉み合つたりしながら続く。笹踊りは皆が三角形の赤布(サンカクキン)で顔を隠してゐる。ただし、現在、歌ひ手は手拭ひで顔を隠してゐる。また、菟足神社には笹持ちはないやうである。その拝殿前の踊りは以下の如くである。道中から二の鳥居を潜つて拝殿前に入ると、右手から打ち始め、大太鼓、腰を下げた位置から右左一打して大きく跳躍して(Ｃ)前進しつつ小太鼓三打。これを繰り返しつつ、神楽殿前、拝殿前、宝蔵前では、小太鼓左右位置替へ(Ａ)を行ふ。以上を3周し終はるまで繰り返す。

笹踊り歌の詞章は韻律不定、非定型の短章の集まりである。はやし言葉は「八百万神もそんよそよろ」、即ち「ヤンヨーガミモソンヨソヨロ」である。最後の六番も旋律は似たやうなものだが、こちらは終結部、コーダとでもいふべき部分であらう。歌は、地元の方がほとんどメロディーのない一本調子と評してをられる如きもので、それは聞いてもよく分かるが、楽譜からも一目瞭然である。使はれてゐるのはGAHの3音、使用音は圧倒的にAが多い。これが開始音になる。終止音がGで、これもかなり使はれてゐる。残るHは引き延ばされて使はれる。この歌は3度の音程中の2音にほとんどが収まるのである。旋律はあるにしても、お世辞にも美しいと言へるものではない。一本調子といふのが、案外、最もふさはしいのかもしれない。

では、音階は何か。前述のやうに使用音はGAH、開始音A、終止音Gである。このままではテトラコルドが作れない。そこで音を補つて考へる。下にDEを補つてDEGのテトラコルドを、上にもDを補つてAHDのテトラコルドを考へる。かうすると律音階が想定できる。開始音、終止音からすればこれでまちがひはないと思はれる。いかがであらう。

14
若宮八幡社拝殿前
最後におひねりが飛ぶ
平成 25 年

14 伊奈若宮八幡社(豊川市伊奈町)

　伊奈は小坂井の西にあり、「豊川放水路の右岸に位置する。室町初期に信濃国伊那郡から本多某が移住開拓したことから、地名は出身地に由来するとも、人家が増加して稲叢が多くできるやうにと祈念したことに由来するともいう。」(「角川日本地名大辞典」23 愛知県168頁)伊奈の若宮八幡社は小坂井の菟足神社の西、直線距離にして2キロ弱の辺りにある。菟足神社は旧東海道に沿つてゐるが、こちらは、地名の由来のやうに、田園地帯にある。「三河国宝飯郡誌」第六集にかうある。

　伊奈城主本多隼人佐泰次宝殿再建宝鐘ニ明応六年丁巳十一月廿一日トアリ往古ハ牛頭天王素盞嗚尊本座タリ祇園田百石アリ其後吉田城主姓氏不詳午頭天王素盞嗚尊ヲ吉田ニ移シ該地ノ氏神トナスソレヨリ当社ハ八幡宮ヲ本座トシ当村氏神トナルト口碑ニ存ス
（67 - 68頁）

　創建年不明だが、元は天王社であつたらしい。ここの宮司は菟足神社の宮司が兼任してきた。現宮司はゆゑあつてさうなつてはゐないが、それ以前はずつとさうであつたといふ。
　伊奈若宮八幡社の例祭は本来は旧暦9月13日であつたといふ。それが旧暦4月17日、18日の春祭りとなり、現在は新暦4月第3土曜、日曜に行はれてゐる。ここにも笹踊りはあるが、笹踊りとは称さない。佐々踊りである。音は同じでも表記が違ふのである。なぜ佐々踊りなのかは分からない。ただ、近くを流れる川が佐奈川なので、それにちなんで佐々踊りとしたのではないかとは聞いた。この表記を採るのはここだけである。
　その佐々踊りは現在も宵祭り、本祭りの昼過ぎから行はれてゐる。お車(山車)とともに神社(公民館)を出て、地区内の所定の場所で踊るのである。午後3時過ぎに神社帰着、そ

こで一踊りである。この最後、踊り手に対しておひねりが飛ぶ。ここでしか見られない光景である。本祭りではその後、神輿渡御があり、御旅所でも一踊りする。

笹踊り歌の詞章は以下の如くである。

若宮の　大佐々きの　大神は／いやとこひさに　しつまれる／伊奈とは稲の　ことなりき／穂の出そろへは　伊奈むしろ／名におふ里の　にきはひも／皇典伝ふ　言の葉そ／まかなす神の　まか事を／祓ひまもらひ　まあしませ／サアまあしませ
東と北の　遠山を／今日いでまして　見霽かす／南に豊の　流れあり／西に奈切の　川をかひ／みたらしきよし　真澄水の／衣が浦に　注ぎつつ／伊奈も栄えて　穂もみのる／神の恵みで　ましまする／サアまあします
(「佐々踊りの謡(伊奈若宮八幡宮　直吉作之)」と題された作成年等不明の詞章。原文は罫紙に墨書されてゐるが、私はその〔何代か後の〕コピーを使用した。「／」は改行を示す。一部の表記は塚田の考へで私に改めた。)

はやし言葉は合ひの手の如き「サア」だと言へないわけではないが、わざわざさう言ふ必要もなからう。2つの部分からなり、前半が境内と神輿渡御の行きの詞章、後半が帰りの詞章である。ともに韻律の基本は七五調、前半の第一句のみ五六五となつてゐる。内容的には、特に前半の詞章は、敬神の念といふより神道的と言ふべきであらう。

ここの踊り手も本来は20歳ぐらゐの青年であつた。ところが例の如き少子化により、現在では年長として小学校6年生が、年少として小学校5年生が踊ることになつてゐる。佐々踊り歌はケーゴシュー(警固衆)が歌ふ。別名をもづの連といふ。これは採譜時点ではからうじて残つてゐたが、現在は出なくなつてしまつた。かつては境内一杯に広がつたケーゴシューも私が知つてゐるのはせいぜい10人程度、現在は0人である。手許の写真を見ると、平成20年頃を最後に出なくなつたやうである。私が採譜した頃は境内の踊りに合はせて歌ふのと、御旅所からの帰りに歌ふだけのやうであつた。境内では踊りの最初から最後まで歌ひ続ける。鳥居で踊り始めてから拝殿前で終はるまでの約20分間である。踊りの終はりは(強引に)「まあしませ」で合はせるといふ。御旅所からの帰りは繰り返さずに一度歌ふだけのやうであつた。

この佐々踊りもその由来は不明であるが、この詞章は菟足神社の宮司川出直吉の作であると地元の方からご教示いただいた。手元に「佐々踊りの謡について」といふ作成年等不明のA4判2枚の印刷物がある。先の詞章の載る印刷物である。これにかう記されてゐる。

　何時の頃から祭りに佐々踊りを取り入れたものか定かではありませんが順を追って説明しますと、この謡が作られたのは、明治八年生まれの川出直吉宮司によるもので恐ら

くは明治の終わり頃かと思はれます。

以前、ここの詞章は三河一宮のネギサマが作つたと聞いたことがある。それはそれで納得できるものであつたが、具体的にそのネギサマを明らかにすることはできなかつた。詞章の神道色の強さとその用語は、一読して神道か国学の心得のある人間にしかなしえない類のものであると知れる。そこから年代も幕末以降、おそらく明治の廃仏毀釈以降であらうと予想できる。具体的には、私は平田篤胤か、その弟子の羽田野敬雄系統の者の作ではないかと考へたのであつた。羽田野は幕末平田派国学の重鎮、三河羽田村の羽田八幡宮の神主である。その蔵書を中心にして羽田八幡宮文庫を設立した。

羽田野敬雄
(寛政10〔1798〕~明治15〔1882〕)
羽田八幡宮神主、平田篤胤門人。嘉永元年(1848)、羽田八幡宮文庫設立。

ご教示いただいた川出直吉は明治8年生まれである。現宮司の祖父に当たるが、宮司としては三代前になるといふ。生年からして、あるいは羽田野とは面識があつたのかもしれない。しかし、羽田野は明治15年没である。たとへ面識があつたとしても、父親の関係で可愛がられたといふ程度であらう。それでも直吉の生まれからすれば、神道の知識は当然のこととして、国学の素養もあつたはずである。三河一宮のネギサマではないが、小坂井菟足神社の宮司であり、ここ伊奈若宮八幡社の宮司でもあつた。自社の踊りの歌の詞章を作るにこれほどふさはしい人間はゐない。年齢的にも、明治末年で30代後半であるから、この条件にふさはしいのではないか。現時点で、私はこの程度しか知り得てゐない。しかし、そのやうな事情から、川出直吉作といふのは信じても良いのではないかと思ふ。

伊奈の佐々踊り歌は明治生まれの宮司作ゆゑに古くはない、いやむしろ新しい歌である。音楽的には1番と2番はほとんど同じ旋律でできてゐる。より正確に言へば、第一句の75「大佐々きの　大神は」の4小節が以下で繰り返されてゐるのである。ただ、最初の5「若宮の」だけは、この変形として第2小節がG1音でできてゐる形である。従つて、リズムだけの歌よりも音楽的であらうが、それゆゑに作為の勝つた人為的な歌である。具体的には、CFGの3音からなり、開始音がF、終止音がCである。このFGCの音型が4小節単位で繰り返される。最後に「ましませ」「まします」が付加される。この付加された部分を除いてまづ注意されるのは、CFの4度音程である。この間にDを補へばCDFのテトラコルドができる。Gはその上のGACのテトラコルドの存在をうかがはせる。つまり律音階である。

ここで今一つ注意したいのは、先の菟足神社の笹踊り歌である。これもおそらく律音階、しかも使はれてゐるのは3音、それが伊奈と同じく上がつて下がる、言はば仮名の「へ」の字形の旋律線を作つてゐた。音程に3度と5度の違ひはあるものの、音階と旋律線は一致すると言へる。これは偶然であらうか。音階はともかく、私には宮司直吉を介して菟足神社と伊奈の2か所は関係があるのではないかと思はれる。歌ひ手も笠をかぶつてをり、黒系統のよく似た衣裳である。伊奈でもかつてケーゴシューは揉み合ひのやうなことをしたらしい。距離的に近い同じ町内の踊りである。宮司を介さずとも起こりうることではな

いかと思ふものの、ここでは宮司が作詞をしてゐるのである。そのついでに音楽的な点にも様々な示唆を与へたとしても何の不思議もない。

　佐々踊りの衣裳は赤布を巡らせた塗り笠、袖に白の飾り付き赤の上衣、緑地の陣羽織、紺地の裁付袴である。年行司の衣裳は色は違ふが菟足神社とよく似てをり、歌ひ手であるケーゴシューの衣裳は、丈は短いが笠をかぶつて手拭ひで顔を隠したりでやはり菟足神社とよく似てゐる。大きな違ひは踊り手の笠である。伊奈の笠には赤布が垂らしてあり、顔を隠す赤布サンカクキンは使用しない。このやうな笠は、更に西の御馬や三谷にも見られる。

　佐々踊りは道中から続かない。境内では以下の如くである。拝殿正面鳥居で、右手から打ち始めて少し跳ねる。大太鼓右左一打、小太鼓三打して小太鼓左右位置替へ（Ａ）。大太鼓右左一打して三歩前進。以上を拝殿前まで繰り返す。拝殿前を通ると大太鼓一打して小太鼓の間を抜けて離れる。小太鼓１大太鼓に近づくと、大太鼓また離れる。小太鼓２は動かない。かうして３人離れる。以下、これを３回繰り返すと３人拝殿前に集まる。大太鼓二打、小太鼓九打。反時計回りに三歩進んで大太鼓二打、一打。小太鼓十打。大太鼓一打。以上のやうになつてをり、明らかに前後二部に分かれてゐる。

　前半のポイントは小太鼓の位置替へ（Ａ）である。これを行ひつつ、跳躍はしないが前進する。これが基本である。これは跳躍の有無の違ひはあるが、菟足神社平井の笹踊りと同じと言へる。宮司直吉を介してか、菟足神社の振りが取り入れられたのであらう。ところが後半に小太鼓の位置替へはない。基本は大太鼓が小太鼓２人と離れていく動きである。これは菟足神社平井にはない。伊奈より更に西の三谷の動きである。以前は、笹踊りの関係だけは、つまり例祭の時だけは、三谷から踊りを教へに来てゐたといふ。日常的には何の関係がなくとも、である。ただ、三谷と違ふのは伊奈にはクグル動作がないことである。伊奈ではごく単純に離れて集まつて終はりである。それでも、伊奈の佐々踊り後半は三谷直伝の動きである。つまり、伊奈は菟足神社と三谷の混成の踊りと言へる。

　以上のやうに、伊奈若宮八幡社の佐々踊りは菟足神社平井の笹踊りとの関係が強い。当時の川出直吉の両社兼任がここに大きく影響したと思はれる。佐々踊り歌の詞章は直吉作詞である。歌、旋律はその旋律線が同じと言へる。踊りの前半の基本的な動きは菟足神社平井と同じである。衣裳は、笠から赤布を垂らすのは三谷の影響であるが、これ以外は歌ひ手も含めてよく似てゐる。直吉が伊奈の佐々踊りの創始に大きく関はつたのはまちがひないところであらう。

　それにつけても気になるのは三谷との関係である。史料等が残つてゐないので何も分からない。以前は三谷から教へに来てゐた、この事実だけが知られてゐる。踊りからすればこれもまちがひない。単純に好み、嗜好の問題か、あるいは関係者に縁戚関係でもあつたのか。今は知る由もない。後考を俟ちたい。

旧宝飯郡御津町の笹踊り

15
御馬城址
八月祭三つ星
大太鼓と小太鼓が離れる
平成29年

15 引馬神社・八幡社（豊川市御津町御馬）

　豊川市御津町御馬、旧宝飯郡御津町御馬は旧宝飯郡小坂井町に隣接する。「御津山の南東、音羽川の河口付近に位置し、西は三河湾に面する。」（「角川日本地名大辞典」23愛知県353頁）旧宝飯郡の湾岸地域の一角にある。先の伊奈若宮八幡社から直線距離で3キロ程度であらうか。車で行けば10分ほどの距離である。「万葉集」巻1長忌寸奥麿の「引馬野ににほふ榛原入り乱れ衣にほはせ旅のしるしに」の引馬野が御馬の地だとされてゐるのはよく知られたことであらう。また、同じく「万葉集」巻1に高市黒人の「何処にか船泊てすらむ安礼の崎漕ぎ廻み行きし棚無し小舟」があり、この安礼の崎も引馬野の南端、現在の音羽川河口付近とされてゐる。このやうに御馬は古代から由緒ある地であった。

　御馬には古くから天王社がある。これが現在の引馬神社である。「三河国宝飯郡誌」第七集によれば、「維新前牛頭天王ト称セシガ神仏混淆ノ称ヲ廃セラレシニヨリ明治元年改称」（48頁）したといふ。創建は、「六十六代　一條天皇ノ御宇正暦年中京洛八殿神社ノ神霊ヲ勧請シテ当御馬村ニ鎮座シ奉リ云々」（同前）とあるから、十世紀末であるらしい。今一つは八幡社である。「本社創始ハ後鳥羽院建久二年此郷刺史比企藤九郎盛長鶴ケ岡八幡宮ヲ勧請シテ中村ノ北ニ鎮座ス明徳年中西脇村(今字東)ニ遷ス亦后年万治三年今ノ宮地ニ迁ス」（同50頁）とあるから、十二世紀末創建、十七世紀半ばに現在地に遷座したらしい。

　引馬神社の項の最初に「祭日太陰暦六月十五日　神輿渡御笹踊七福神踊神鉾」（同48頁）とある。両社の例祭は、引馬神社が旧暦6月15日に、八幡社が旧暦8月15日に行はれてゐた。それが現在はまとめて8月第1土曜、日曜に行はれてゐる。祇園祭、あるいは天王祭とも称する。この例祭で踊られるのが、「三河国宝飯郡誌」にも出てゐた笹踊りと七福神踊り

である。小寺融吉「郷土民謡舞踊辞典」（昭和16）には「御油の笹踊」「御油の七福神踊」として載る。記述内容から見て、現状では、これは御油ではなく御馬であるのだが、かつてはあの一体が広く御油と認識されてゐたといふことからすれば、当時の認識としてはこれで正しいのであらう。それゆゑにこそ、二つの踊りが戦前から広く知られてゐたことの証左にはならう。このやうな場合、私も諸書もにならつて御馬と一つにくくつて説明するが、実際には御馬は東西二地区に分かれてゐる。海側の東御馬と、それに対する西御馬である。この東で出すのが七福神踊りであり、西で出すのが笹踊りであつた。

　七福神踊りは御馬以西の蒲郡方面で多く踊られてをり、ここが東端の七福神踊りである。七福神とはいふものの、弁財天の代はりにその使ひたる狐がゐるのが特徴である。この狐が朱に塗つた棒（陽物）を持ち、これで若い女性に悪さをするといふことで奇祭として知られてゐた。例へば『郷土趣味』第五巻八号所載稲垣豆人「三河引馬神社の奇祭」（大正14年4月、岩崎美術社復刻版『郷土趣味』第五分冊所収）の最後にかうある。

　狐の仕草は実に軽妙でその固性を表現した飄逸な身ぶりで以前はなかなかに悪戯をして時に脱線して見物席へ踊り込み一件を振り廻しながら若い女連をキャッキャッいはせた事もある由にきく。（248頁）

この頃、大正末年、既に奇祭ではなくなつてゐたと読めさうである。だからこそ現在ではもちろん、陽物で若き女性をからかふなどといふ光景は見られない。私自身は1度か2度、狐がそんな感じの振りをするのを見たことがある。現在でもその程度のことはある。

　西御馬の笹踊りは、保存会作成の「御馬の笹踊　愛知県宝飯郡御津町御馬」（刊年不明、刊記、奥付なし。）によれば、「起源は詳らかではないが慶長五年ごろには行われて居たと」ある。慶長5年といへば西暦1600年である。これがもし正しいのならば既に400年の歴史があることになる。古い。ただし、この根拠は記されてゐない。

　先に記したが、御馬の二社の例祭は6月と8月であつた。6月は14日、15日で引馬神社の祇園祭である。ここが旧天王社であるからには当然の祭礼である。これを六月祭といふ。八幡社は8月の14日、15日である。これを八月祭といふ。先の『郷土趣味』の文章は前者の訪問記事、レポートであつた。ここでも二つの踊りが踊られてゐた。笹踊り、七福神踊りの順に踊るのである。

　かつてはこれがトラブルの元であつたといふ。進行上、辻で七福神踊りが笹踊りを待つのだが、この時、笹踊りが長く待たせたりしたらしい。つまり、西御馬が東御馬を待たせすぎ、それでもめたのである。普段は東西仲が良いが、おまつりの時だけは喧嘩になつたとは昔を知る人の言であつた。そのために、御馬では、戦後、踊りについては東西の境をなくして、踊り手は東西を問はないことにしたといふ。御馬にきちんと組織された保存会があ

るのはそのやうな理由による。もつとも、少子化の現在ではこれが幸ひしてゐるといふ。地区を限つてしまふと、当然、踊り手の確保が難しくなる。保存会でその弊を免れうるからである。

　笹踊りの踊り手は、本来、数へ年で20歳前後の青年である。御馬は必ずしも漁業のみを生業としてきたわけではないが、かつては笹踊りや七福神踊りの踊り手を務めると、漁に携はつた時の日当が上がつたといふ。一人前として認められたのである。戦後でもしばらくはさうであつたといふ。これからすれば、この踊りには入社儀礼の要素もあつたと思はれる。ところが、現在では産業構造が変はつて勤め人が増え、同時に少子化の進行もあつて、踊り手は高校生となつてゐる。歌ひ手は青年も含むが、必ずしも青年ではない。現在は保存会が笹踊りの歌と七福神踊りの笛を担当してゐる。笛は多くの小学生も吹いてゐる。正に老若男女である。これも保存会の効用であらう。

　先の『郷土趣味』の口絵写真、これは御馬の一行の集合写真である。これを見ると、ここに子供の姿は見えない。その昔は子供の出番などはなかつたのであらう。歌ひ手らしきカンカン帽をかぶつた一団も見え、これは法被姿ではなく和服である。他にそれらしい人は見えない。この歌ひ手の一団をシューセンカタ（周旋方）と言ふ。森長千臣編「おんま物語」には、「青年を周旋方と称し、御祭行事の準備、踊りの稽古等をした。」(21頁)とある。かつてはこの各人が小笹を持つたといふ。現在は小笹は持たず、夏の暑い時期のことゆゑ、歌ひ手はカンカン帽をかぶり、そこに小笹を挿してゐる。従つて、笹踊りにつきものの大きな笹を持つ笹持ちはゐない。先の集合写真でも笹持ちは見られない。

　笹踊り歌は六月祭、八月祭の歌がそれぞれある。六月祭は「ゲニモサ」の類はないものの、ヤンヨーガミも出てきてそれなりに笹踊り歌である。ところが八月祭は趣が違ふ。一言で言へば、格調が高いのである。冒頭の「三河に其の名も高磯の」には掛詞が使はれてゐる。これを初めとして、全体の用語が和歌に対する造詣の深さを示してゐる。初めて聞いた時から、この歌はいかなる歌であるのかと思つたものである。先の保存会の「御馬の笹踊」には詞章を記した後にかうある。

　　此の歌詞は安政の頃東西村政不和の事あり、祭礼に波及し笹踊行はれざるに至り依つて神官之を神前に奏せんとせしも、多年伝承の歌詞一様ならず識者に依頼して歌詞を文字に表し、万延元年八月当国八幡の神職大伴阿波守宣光神前に奏して踊りに替へしと伝へられ以来此の歌詞を用ふ

この「識者」は誰か。これが実は分かるのである。草鹿砥宣隆であつた。現在は豊川市になる、旧宝飯郡一宮町の砥鹿神社の神主である。羽田八幡宮の羽田野敬雄の20歳年下であるが、羽田野の日記に頻出する。国学者としての業績もあり、万葉集研究やそれにつながる

草鹿砥宣隆
（文政元〔1819〕～明治2〔1869〕）
砥鹿神社神主、平田篤胤門人。上代特殊仮名遣研究の「古言別音抄」で知られる。

「古言別音抄」は特に有名である。そんな宣隆であれば、このやうな詞章をものしたとしても何の不思議もない。

　宣隆の長歌集に「杉之金門長歌集」（鈴木太吉「草鹿砥宣隆『杉之金門長歌集』の翻刻と研究」（一）～（三）［『愛知大学綜合郷土研究所紀要』第39輯～第41輯所収（1994～1996）］）といふのがあり、その安政7年（1860）にこの詞章が載る。その詞書きは以下の如くである。

　　御馬村の八幡宮のまつりに、笹踊のうたふ歌をと、かのさと人のこへる、よみてあたへ
　　たる今様、（前掲論文（三）120頁）

以下、笹踊り歌の詞章である「三河にその名も」と「いくもも年の」が載る。万延元年はやはり1860年である。先の記述とも符合する。その詞章を記す。

一　三河に其の名も高磯の　八幡の神のめぐみとて　秋のみづほの八束穂の　栄ゆる里こそ楽しけれ
二　いくもも年の昔より　御馬の里の守りとて　寄る白波の高いそに　宮しきおいます尊さよ
三　里もにぎわい民安く　千代万代も栄えよと　願う心の笹踊り　踊りて神をいわうなり（保存会作成の「御馬の笹踊　愛知県宝飯郡御津町御馬」と表紙に記されたB4版謄写版印刷物〔刊年不明、刊記、奥付なし。〕所載詞章。この本文は「笹踊調書」と題されてをり、末尾に「此の調書は大正年間内務省の調査に提出したる調書の写」とある。その後に「笹踊りの由来」「歌詞」と続く。所載詞章はこの「歌詞」による。）

韻律は七五調、三連からなる。この詞章から、私は格調の高さと敬神の念を感じてゐた。その格調ゆゑに、他の笹踊り歌とは違ふと思つてゐた。しかし、作詞者が草鹿砥であれば話は別である。格調の高さは当然であらう。先の伊奈は、いささか時代は下るが、やはり神職の作詞であつた。また、上長山三社でも神職が作詞をしたと思はれる。幕末から明治にかけての笹踊り歌に対する神職の関与の深さを知ることができる。

　ちなみに、先の「御馬の笹踊」に、八月祭の歌の「此の歌詞は万延元年宮中御歌所寄人福羽美静氏の祖父の作と傳へられる」とある。福羽美静は簡単に調べることができる。父の名前も分かる。しかし、その祖父となると、私はインターネット上でその名前を知ることもできなかつた。具体的な業績等を知ることはもちろんできない。従つて、「福羽美静氏の祖父」なる人物が御馬とどのやうな関係があつたのか分からない。美静自身の御馬との関はりも、インターネット上で調べる限りは、なささうである。ただ、美静は最初は大国隆正に師事し、後に平田鉄胤に師事したといふから、もしかしたら羽田野敬雄との接点はある

かもしれない。しかし、祖父となるとどうなのであらう。御馬とのつながりを確認しやうがない。私はそのやうな事情もあつて、「福羽美静氏の祖父」作詞説は採らない。八月祭の詞章は、前述のやうに、草鹿砥宣隆が作詞したと考へる。

　続いて六月祭の詞章を記す。

やんよう神をさんよさよ　みよしのの(十四日)　引馬野の(十五日) / おん祭り笹踊を参らしょ、みなとも栄えて / 神をいさめまいらしょー(同前、「/」は改行を示す。)

七五音中心であるが韻律不定である。吉田天王社等の短章の詞章に近い。この一章のみといふのが珍しい。第一句はヤンヨーガミを含むものの、はやし言葉ではない。八月祭の歌にもはやし言葉はなかつた。従つて、御馬の笹踊り歌にはやし言葉は使はれてゐないことになる。

　衣裳は笠が独特である。ゴヘーといふ細く切つた白い紙を全面につけてカサマク(笠幕)といふ赤布を垂らした笠である。このゴヘーは「稲穂を表す」(高橋秀雄他編「都道府県別　祭礼行事・愛知県」134頁)と言はれてゐる。その笠と朱地の丈長上衣に紫紺の裁付袴である。踊りは三つ星、宮入、半追ひ(ハンボイ)の3種類ある。基本は三つ星であらう。

　六月祭の三つ星は以下の如くである。(大太鼓右手から打ち始め)大太鼓連打の後、3人、腰を落として片脚を左右に伸ばして体重移動、足踏み(D)4回、以上を3回繰り返す。小太鼓左右位置替へ(A)。以上を計3回繰り返す。大太鼓連打して終了。

　八月祭の三つ星は以下の如くである。(大太鼓右手から打ち始め)大太鼓連打して腰を落として片脚を左右に伸ばして体重移動、足踏み(D)、その3回目に小太鼓身体を大きく振りながら右手から三打、以上を6回繰り返し。小太鼓二打、大太鼓撥を持つ手を太鼓の上で回す。大太鼓右手、小太鼓外側の手を上げて反対方向に離れる。3人、片足跳びで近づいて大太鼓、小太鼓の間を抜ける(B)。大太鼓二打。以下、以上をほぼ計3回繰り返す。大太鼓連打して終了。

　宮入は、ごく大雑把に言って、三つ星が引き延ばされた踊りと言へよう。本祭り午後2時、御馬港での一踊りを最初に、神輿渡御の要所で笹踊りが踊られる。一行は笹持ちかと思つてしまひさうな高張(提灯)2名を先頭に、警固、猿田彦、鉾等が続いて神輿と神職等が更に続く。最後に笹踊りと七福神踊りの一行が続く。御旅所の八幡社では八月祭の宮入が踊られる。ここまでは八月祭の踊りである。最後の引馬神社では六月祭と八月祭の宮入が踊られるが、八幡社の次の敬円寺からは六月祭の踊りを踊り、神輿とは別行動である。御馬は必ずしも神輿付き笹踊りではないのである。

　笹踊り、六月祭の踊りは、腰を落として片脚を左右に伸ばして体重移動、足踏み(D)と小太鼓左右位置替へ(A)があることから、平井、伊奈と同じ系統の踊りである。八月祭の

踊りの振り付けは、「御馬の笹踊」によれば、「万延元年八月当国八幡の神職大伴阿波守宜光神前に奏して踊りに替へしと伝へられ以来此の歌詞を用ふ」とあるやうに、大伴宜光かもしれない。さうだとしても、腰を落として片脚を左右に伸ばして体重移動、足踏み（Ｄ）と、大太鼓が小太鼓の間を抜ける（Ｂ）所作がある。六月祭の（Ａ）を（Ｂ）に置き換えたのである。これはつまり牛久保、豊川方面の踊りである。旧一宮町もこれであつた。八月祭の踊りは詞章だけでなく、踊りの振りにも草鹿砥の影響があり、振り付け担当たる宜光もまたその中にゐたといふことである。振り付けが宜光であるかどうかは別にして、草鹿砥は八月祭の踊り全体を引き受けたやうに思はれる。

御馬の笹踊り歌の基本は六月祭の歌であらう。御馬の笹踊りは慶長年間に始まつたと言い伝へられてゐる。八月祭の歌は幕末に作られた。それゆゑにか、八月祭の歌にはヤンヨーガミが出てこないし、ゲニモサの如きはやし言葉もない。他地区の笹踊りの状況からすれば、これは六月祭の歌の方が古いことを示すと思はれる。従つて、御馬の笹踊り歌の基本は六月祭である。これをもとにして八月祭の歌が作られたのであらう。共通する伸びやかな歌ひぶりがそれを示してゐる。

六月祭の歌で使はれるのはFBFの一オクターブの３音である。開始音Ｂ、終止音Ｆである。これだけでは決め難いものもあるのだが、八月祭の歌を参考にすれば、中に、つまりＦの上にＧを補つてFGBのテトラコルドを考へるのが妥当なところであらう。八月祭は、各節最後の歌といふよりは語りともいふべき部分を除いて考へると、使用音はCFGBCの一オクターブ５音である。開始音Ｂであるが終止音はよく分からない。しかし、六月祭からも分かるやうに、ＢとＦは核音である。上下のＣもまた核音であらう。するとＤを補つてCDFのテトラコルドが想定され、その上にFGBのテトラコルドができる。これは六月祭に一致する。つまり律音階である。八月祭の歌は六月祭の歌の模倣をしたが、そこに少しの工夫を加へて音を増やしてより歌らしくした。しかし、音階までは変はらなかつた、変へられなかつた。かういふことであらう。

実は御馬の笹踊りには非常に大きな特徴がある。歌と踊りの関係である。これは他地区には決して見られないもので、正に御馬唯一のものである。御馬では歌と踊りが連動してゐるのである。つまり歌と踊りは不可分の関係にあり、この詞の時はこの所作をとか、この詞の時には太鼓をたたくとか、かういふ動きが決まつてゐるのである。歌が踊りの伴奏になつてゐるといふことである。何だそんなことと言はれるかもしれない。しかし、笹踊りにおいて、これは実に珍しいことである。旧タイプの詞章は短章の集まりである。それを適当に歌ふ。音頭取りが自分の好きな詞章で歌ひ出す。同じやうな歌が続くこともある。しかし、踊り手はそれとは無関係に踊る。お互ひ、ほとんど相手を気にしない。新タイプになつても、一まとまりの詞章を通しで歌ふだけで、踊りのことは気にしない。せいぜい最後を合はせる（伊奈）ぐらゐのものである。それが笹踊りである。私はさう思つてゐるから、

御馬を見た時には驚いた。こんな笹踊りがあつたのだと思つたものである。ただし、御馬の方達は私の話を聞いて逆に驚いてをられた。踊りと歌は連動してゐるものだと考へてゐたからである。実際、日本舞踊でも盆踊りでも、歌と踊りの振りは連動してゐるのである。

これは、踊りの振りは違ふが、六月祭も八月祭も同じである。六月祭の踊りは小太鼓が左右位置を変へる（Ａ）タイプであるのに対し、八月祭は大太鼓が小太鼓の間を抜ける（Ｂ）タイプである。小坂井以西は小太鼓が位置を変へる（Ａ）タイプであるのに、新たに作つた八月祭の踊りには大太鼓が小太鼓の間を抜ける（Ｂ）所作を入れた。既に記した如く、想像をたくましくして、旧宝飯郡一宮方面の踊りは皆この所作を持つから、草鹿砥がそれを御馬に教へたのではないかと思つてみたりする。それでもなほかつ、御馬では歌と踊りの関係を変へなかつたのである。

なほ、ここで楽譜に関して予め補足しておきたい。その一は最初と最後の太鼓連打である。楽譜ではタタタタタタタタタタタタンの２小節分にしてある。しかし、ここの打ち方がこれで決まつてゐるといふわけではなささうである。タタタタとしか打たないこともある。長くても２小節超といふ程度のやうだが、踊り手により打ち方は様々である。おそらく定数なしといふのが正しいのであらう。また、歌中の太鼓は、必ずしも保存会作成の太鼓の打ち方の譜に従つてゐない。採譜では、実際に打たれてをり、しかも最も適当であると思はれる位置に記しておいた。これはいくつかの録音やＶＴＲによつて塚田が私に楽譜化したことである。まちがひあらば御海容を乞ふのみである。

その二は強拍のアクセントである。これは歌詞中のカタカナで記した母音にあることが多い。たぶん本当は常にあるのだと思ふ。ただ、これも必ずしもさう聞こえなかつたりする。そこで敢へてアクセントの表示はしなかつた。大体は各句最後のカタカナの母音で譜頭×の音にアクセントがあると考へていただければ良いかと思ふ。

最後に御馬の笹踊り歌についてまとめておく。詞章は、六月祭は古いタイプの韻律不定の短章一章、八月祭は草鹿砥宣隆作の七五調の二連長歌である。音階はいづれも律音階である。従つて、六月祭が古い形を残してゐるのに対し、八月祭は新旧タイプの折衷的な歌であると言へるのではないか。踊りも、八月祭には、小坂井以西ではこの踊りでしか見られない、大太鼓が小太鼓の間を通り抜ける（Ｂ）所作が含まれるもので、これもまた別の意味でも折衷的といふ理由になりうるかと思ふ。ここからも八月祭の踊りの特異さが知られるのである。

蒲郡市内の笹踊り

16
八剣神社拝殿前
クグル
平成26年

16 八剣神社・若宮神社(蒲郡市三谷町)

　蒲郡市三谷町は、「市の南東部。東は大塚町に接し、南は三河湾に面する。南東部に三谷温泉郷がある。江戸期から漁業の町として栄えた」(角川日本地名大辞典23「愛知県」1660頁)。三谷といふ「地名は和名抄の美養郷から宮・三谷と漢字表記されるが、宮は持統天皇の行在所を由来とする説、三谷は当地が3つの谷から成立していることによるとの説がある。」(同前1296頁)三谷は前述の御馬から車で10分程の距離である。三谷も旧宝飯郡に属し、昭和29年に蒲郡市に編入されて現在に至る。三谷には八剣神社、若宮神社といふ大きな神社があり、この「八劔宮は、平安末期以前に勧請され(中略)三谷の発展は八劔宮と関連が深い。」(同前)と言はれるやうに、三谷を語る時、八剣神社を忘れることはできない。

　祭神は日本武尊。創立は寛治年中(一〇八七〜九四)とも建久元年(一一九〇)ともいう。三河国内神名帳に「従五位上八劔天神　坐宝飯郡」とある社。旧暦九月九日、一〇日に行われていた三谷祭は(中略)元禄九年(一六九六)から始まったという。昭和三七年(一九六二)以降、海岸埋立によって神輿の海中渡御ができなくなった。

(「愛知県の地名　日本歴史地名大系23」1035頁)

　現在の三谷祭は山車(ヤマ)の海中渡御で有名であると言つても良いのではないか。上記の引用には「昭和三七年(一九六二)以降」とあるが、三谷祭保存委員会のパンフレット「三谷まつり」によれば「昭和三十五年の祭礼を最後に」(2頁)海中渡御が行はれなくなつたとある。また、「神輿の」とあるのはまちがひで、山車の海中渡御である。神輿は海中には入らない。いづれにせよ、曳き回すべき海岸がなくなつてしまつては海に入れない。海中渡御はできない。東京オリンピック前の民俗の転換期のことであつた。この山車の海中渡御

の復活は三谷祭創始300年にちなんでのことである。平成8年であつた。この前年の平成7年に北区の三蓋傘山車の試し曳きが行はれた。そして、翌平成8年には4台の山車による海中渡御が復活したのであつた。

しかし、三谷祭全体から見ると、この海中渡御はさほど重要ではない。「八剣神社の神様が若宮神社の神様の所へお客に遊びに行く」(竹内尚武「三谷祭」前編47頁)のが三谷祭である。この若宮神社は「建暦二年(1212、塚田註)の建立になるもの、応神天皇を奉祀する。」(「今昔の三谷」25頁、本書は昭和4年刊、「続　今昔の三谷」を増補して平成19年に「三谷町誌」として復刻された。)こちらはかつて若宮八幡社等と称されてゐたらしく、「続　今昔の三谷」巻末の年表では、明治26年に「若宮八幡宮本殿及び拝殿(現在のもの)新築」(226頁)とあり、明治34年には「若宮神社境内に水屋新築」(228頁)とある。「今昔の三谷」には若宮八幡社として載る。このやうに社名の呼称に揺れがあつたやうである。(八剣神社は八剱宮、または八剱神社のどちらかである。)

この行列に随行する山車が、その途中で海岸を通り海中に入る。山車が海に入ることに祭祀上の意味があるわけではない。「八剣神社は江戸時代の当時には、すぐ側まで海辺だった。そのような時、重い山車を曳いて行くには狭い道路よりも砂浜の海岸を曳いた方が便が良かったということで(中略)それがさらにエスカレートして海にも入り、遂には首まで海水につかるほどに深く入るというようになった」(同前)。これだけのことである。技術的な問題とでも言へようか。山車の海中曳行と言ふ方がその実態を適切に表してゐよう。

三谷の山車は4台ある。上区剣山車、西区恵比寿山車、北区三蓋傘山車、中区花山車である。別に、東区に神船若宮丸といふやや小型の船型山車があり、これは水際を行く程度までしか許されなかつたので、海中渡御は行はない。更に、山車を待たないのが松区である。ここは宮元としていくつかの神事芸能を司る。くぐり太鼓(笹踊り)もこの中に入る。三谷祭に於いては、海中渡御をしない二つの区の方が大きな役割を担つてゐる。しかし、他の地区もまた各種芸能を奉納といふ形で行ふ。以下の如くである。

上区(あげ)　素盞嗚の舞、子踊り
東区　子踊り
西区　大名行列、子踊り、獅子神楽
北区　七福神踊り、子踊り
中区　連獅子の踊り、子踊り

八剣、若宮両社の拝殿前で、最初に松区のくぐり太鼓等が神事として行はれ、その後にこれらすべてが順に奉納されるのである。三谷祭にはこれ以外にも様々な神事、行事がある。

このやうに、三谷祭は様々な要素を持つた大規模な祭礼である。山車の海中渡御に終はるものではない。それゆゑに、この祭礼を支へる6地区にはそれぞれの役割があり、これを300年の間、各地区が務め続けてきた。今日の三谷祭がある所以である。

　三谷祭の起源は以下のやうなものである。

> 今は昔、人皇百十三代東山天皇の頃、三谷村の庄屋に佐左衛門といふ人があつた。元禄九年八月或夜八剣様が神輿に乗つて若宮へ渡御なさるのを夢見たのである。そこで「これは神様のおつげである」と早速質素な神輿をしつらへて八剣宮の御神霊を移し、九月九日の朝若宮に向つて神輿渡御の儀を行つて、これがそもそも三谷祭の濫觴である。(中略)これを神事として毎年執り行つて居るのを見た上区を初め他の区もこれに賛同して供奉を共にし、ここに三谷全村の祭事となり、佐左衛門の区である松区を宮元として、笹踊り、くり太鼓(ママ)等を行ひ、他の区も亦種々の余興を行ひ、山車を曳き出す等現今のにぎやかな三谷祭となつた。(「今昔の三谷」29頁)

この佐左衛門の夢見が元禄九年のことであつたといふ。この伝承をもとに、三谷祭創始300年として山車の海中渡御復活が行はれたのであつた。ただし宮元たる松区は海中渡御そのものを行はない。山車を持たず、その代はりに祭礼の神事に関はるからである。例へば次の如きである。

> 三谷祭は地下の大年行事の指導・監督の元に、この松区保存会が中心的な役割を担つて運営する。(「三谷祭」前編3頁)
> 昭和天皇が崩御された昭和64年にも、各区の山車や余興を出すということは取りやめになつたが、松葉区の神事だけは執り行われた。すなわち八剣宮で式典を行つた後、神主がご神体の御幣を携え、東区の若宮社まで供えの神酒・酢・二対の鯛などを取り揃えて神幸し、献撰・祝詞を挙げて祭りを行つた。(同前)
> 平成10年より松区の典儀により「八劔神社神幸祭及び若宮神社例祭の儀次第」に沿つて神事が執り行われるようになった。(三谷祭松区保存会「三谷祭の歴史」18頁)

引用中に「松葉区」とあるが、これは松区の旧称である。上記引用だけでも松区の三谷祭に於ける役割が知れる。当日も含めて、祭礼に関はる松区の役割や行事には実に多くのものがある。これが山車を持つ他の区との違ひであり、宮元の宮元たる所以でもある。その詳細を私は知らない。ここでは必ずしもそれを必要としない。従つて、本稿では関係行事等に言及するだけに留めておく。

　三谷祭はごく大雑把に言つて、試楽祭(宵祭り)午前の幟起こし、昼過ぎの式典始めから

始まる。このしばらく後、東区の神船若宮丸が八剣神社に向かふのを松区が出迎へる神船迎へがあり、その後、神船を見送つた松区も八剣神社に向けて出発する。この行列は、概略、先警固、国旗一対、お道具、神輿付き役人、くぐり太鼓、事触れ、山伏、天狗、ささげんじの順(「三谷祭の歴史」15頁)である。くぐり太鼓(三谷松区では笹踊りをかう呼称する。先の「今昔の三谷」引用文中の「くり太鼓」は脱字であらう。)は青年と子供の二組、ささげんじは他地区ならば笹踊り歌の歌ひ手といふことにならうが、松区ではこの「ささげんじ」の歌はくぐり太鼓の時には歌はず、神社への移動の行列時に歌ふのみである。歌ひ手は小学生の子供達である。神船迎への後も、短い距離ではあるが、この歌は歌はれる。さうして神船が八剣神社内の定位置につくと、松区から順に拝殿に向かふ。拝殿前では直ちに子供と青年のくぐり太鼓が始まる。その後、事触れと山伏の祭文が奏上されて松区の神事は終はる。以下、続いて上区から各種芸能を奉納する。当然、これらは神事ではない。松区のみが神事である。これもまた松区の宮元たる所以であらう。

　翌日の神幸祭(本祭り)は朝、各区が八剣神社に参集するところから始まる。神事の後、若宮神社に向けて出発する。上区の山車を先頭に、最後が松区の神輿渡御の行列である。この行列は先の行列よりもはるかに大規模である。この時もささげんじの歌が歌はれる。各区の山車は若宮神社に入る前に海中渡御を行ふ。ここが三谷祭の最大の見せ場であらうか。見るのは人間に限らない。神もまたご覧になるのである。松区の神輿は山車の進行方向正面の御座所に置かれてゐる。海中渡御終了後、松区の一行から若宮神社に入る。前日の試楽祭同様、くぐり太鼓から松区の神事が始まる。その後、引き続いて各区の奉納芸能に移るのである。

　このやうに三谷祭は進むのであるから、山車を持たない松区はあまり歌を歌はない。山車起こし歌は不要である。子供達の「ささげんじ」以外では、試楽祭午前中の幟起こし前に、青年が「伊勢音頭」を歌ひつつ区内を練り歩いて気勢を上げる程度であらうか。奥三河系のおるよと吉三の「数へ歌」等もあるのだが、現在はほとんど歌はないといふ。従って、三谷祭に於ける松区の歌といふのは、子供達の歌ふ「ささげんじ」と青年の「伊勢音頭」にほぼ尽きると言つても良ささうである。

　以下に「ささげんじ」の詞章を載せる。基本的には「三谷祭の歴史」所載の詞章を流用したが、明らかな誤字は正し、ごく一部に塚田の考へで表記等を改めたところがある。また現在、実際に歌ふ時、一部を改変して歌つてゐるため、楽譜とは異なる部分がある。

高天が原に　神とどまります御神達たち　サーゲーンジモサー(この句、以下省略)　八劔の御神は　天朝萬福地は円満　南に秋葉大権現　御守護神　北に諏訪大明神　鬼門ぶなんの御まもり　中に牛頭天皇　諸病諸なん御はらい　九萬八千の　五百二神の御神たち　十二時のその中を　残らずあおがせたもうなり　たちくさの　かきはめ事はめた

もうなり　天のいわくら　ちわけにちわけて天くだり　神かきの　へだてばかりをし
るしにて　誓いはおなじ　伊勢の神かき　八百萬代の　神たちはもろともに　八劔の
祭りには　鯛のさかなに不老の御酒(みき)　南に秋葉大権現　神のみかげに民繁栄　東に若
宮　西の神明に御加護あり　北に諏訪大明神　中に牛頭天王御立あり　九萬八千の
五百七十二神の御神たち　豊葦原の　瑞穂の国を安国と平らげて　高山のすえ　みしか
山の末よりも　天津神は　天の岩を押しの　天八重もり　桜田に落ちるとき　はや川も
うせんもします　露もくもらぬ神くもの　守りまもりと御まもり　八百萬代の　神たち
は諸ともに　四海太平の　安全の天照てらす御神

この「ささげんじ」には次のやうな伝承がある。

> 明和年間(明和元年は1764年)に佐左衛門の孫、佐源治と言う人が笹踊りに神歌をうた
> わせ、人の丈ほどの笹竹をもって、大勢の子供達が道中供奉したのが始まりと言われて
> います。(原文改行)八劔神社を中心に東西南北、若宮、神明、天白、秋葉の神々をうたい
> 込まれ、村人の繁栄と鬼門の無難を念じて、神々の加護を願っています。(「三谷祭の歴
> 史」6頁)

これを信ずれば、くぐり太鼓は三谷祭の初期の段階からあつたが、「ささげんじ」は三谷祭
創始より70年ほど遅れて歌はれ始めたらしい。その時、「笹踊りに神歌をうたわせ(中略)
大勢の子供達が道中供奉した」といふからには、歌はれ始めた時から現状の如きもので
あつたらしい。つまり、この歌は他の笹踊りのやうに踊り歌(伴奏)として歌はなかつたと
いふことである。現在、道中では一行が止まらない限り子供達は「ささげんじ」を歌つてゐ
るが、境内に入ると歌はれなくなり、更に拝殿前まで進むとくぐり太鼓が始まる。その時、
「ささげんじ」の子供達の役割は疾うに終了してゐるのである。道中供奉たる所以である。
　竹内「三谷祭」前編は「ささげんじ」の内容をかう説明する。

> 歌の内容は大祓の祝詞を下敷きにしている。そしてまた修験道の要素も色濃く残して
> いる。道中を祓い清めながら、なおかつ神仏加護・五穀豊穣・村中安全を祈願するといっ
> たものである。(27頁)

確かに「ささげんじ」には大祓の祝詞(大祓詞)を下敷きにしたらしき語句が散見される。
しかし、その内容の中心は(水無月祓のやうに)犯した罪穢れを祓はうとするものではな
く、三谷の諸神に「五穀豊穣・村中安全を祈願するといったもの」である。「サーゲーンジモ
サー」がはやし言葉として用ゐられてゐるがゆゑに「ささげんじ」と称されるのである。ち

なみに、「ささげんじ」の韻律は非定型の七五音中心、短章の集まりではなく一つの内容を持った長い詞章である。それゆゑに、個々の部分を見ればあるかもしれないが、全体として見ると、他の笹踊り中に類歌はありえない。

更に「サーゲーンジモサー」といふはやし言葉について、三谷では例へば次のやうに説明されてゐる。

「サー、ゲーンジモ、サー」という意味ははやし言葉とも言われる一方、「佐源治申さく」という字面から、佐源治という神主が祝詞文として書き残したものとも言い伝えられている。神輿のお戸帳の新調が明和7年(1770)で、このころ佐源治により作られたというのである。そして佐源治は宮司武内佐源治その人とも言われている。(「三谷祭」前編27頁)

八剣神社は武内家が代々宮司を務めてきた。武内はブナイと読む。この家の佐源治が申し上げることには、といふ意味だといふのである。しかし、この句はやはりはやし言葉であらう。例へば豊橋市老津町の笹踊り歌は次のやうなものである。

天王と申するは日本一の荒神だ　サーゲンージモヤー

(老津神社？印刷物「天王社祭典の歌」)

老津全5種の詞章にすべてこの「サーゲンージモヤー」がはやし言葉としてある。老津の笹踊りは昭和に入って豊橋市中心部の吉田神社(江戸時代の吉田天王社)から伝はつたといふ。新しい笹踊りだが、詞章は吉田神社の影響下にある短章の集まりである。それゆゑに、はやし言葉は基本的に笹踊り歌のはやし言葉である。前述の吉田神社(吉田天王社)の笹踊り歌を見ていただきたい。例へばこんな詞章であつた。

青玉と申するは、たふとい国の神に、さーけにもさーよ(三一書房復刻版「俚謡集」226頁)

濁点はついてゐないが、はやし言葉はサーゲニモサーヨである。牛久保若葉祭に似た「やんよう神をやんよふよ」といふはやし言葉を持つ詞章も多い。諸社の笹踊り歌でも、はやし言葉はこの両者混用かいづれか一方が基本である。前述の当古ではそれが「然も実にもよー」となつてゐた。

老津の場合、サーゲーニモヤーの「ニ」が子音交替して「ジ」となり、それに伴って撥音化したもの、あるいはその逆の形であらう。源治や源氏等の固有名詞ではない。三谷も同様であらう。サーゲーンジモサーを「佐源治申さく」として、佐源治が申し上げることにはの

意と考へることは、語法的、文法的には可能である。「曰く」と同じク語法である。しかし、「ささげんじ」が実質的な笹踊り歌であるからには、この部分もまた一群の笹踊り歌の中で考へるべきであらう。松区でもこの句に老津と同様の変化が起きたのである。あるいは、老津が松区の影響を受けたといふこともありえようか。本来、サーゲーニモサーであつたのが、撥音化とniとjiの子音交替とでサーゲーンジモサーになつたのである。佐源治といふ固有名詞ではない。

　このやうなはやし言葉の事情があるので、私はこの「ささげんじ」の歌を笹踊り歌の中で、笹踊り歌として採り上げてゐる。しかし、既に記した如く、くぐり太鼓、つまり笹踊りと「ささげんじ」の歌は同時に行はれないのである。くぐり太鼓が始まる時には「ささげんじ」の子供達の役割は終了してゐる。両者は本来別物である。松区の秋津神社夏祭りに、くぐり太鼓はあつても「ささげんじ」は歌はれない。確認のために記しておけば、「ささげんじ」は似而非笹踊り歌、いや、何らかの関係があるとしても、本当は笹踊り歌ではないのである。

　「ささげんじ」の歌ひ手は小学校３年生以上である。６年生数名がウタダシ（歌出し）を務める。歌出しは詞章を記した巻物を開いて持ち、それ以外の子供達は笹竹を持つて後に続く。

> 笹げんじの子どもが手に持つ竹は、かつては丈の長いもので、その集団はあたかも竹藪が歩いているように見え、現在の枝を持って歩いている様子とは全く雰囲気が違った。
>
> （「三谷祭」前編31頁）

昔を知らない私の目から見れば、あれでも十分に大きな笹竹だと思ふのだが、昔を知る人にはさうは見えないらしい。他の笹踊りの笹持ちが持つやうな大きな笹竹を、かつては子供達一人一人が持つてゐたのであらう。壮観に違ひない。

　楽譜では上段が歌出し、下段がその他である。一見、いや一聴、わらべ歌である。子供が歌ふといふだけでなく、音楽的にもわらべ歌である。試みに、平凡社版「音楽大事典」の「わらべ歌」（小島美子執筆）の項を見る。音階については「中心的な核音の力がとても強い。その中心的核音はソ（中略）になることが多い。最も単純なメロディーはファとソの２音で、ソに核音がある。」（第５巻2853～2854頁）。リズムは「強拍弱拍の区別のない２拍子が基本だが（中略）ことば遊びの歌や絵かき歌は拍子にこだわらず、ことばの拍数にそのまま従って歌われるものがある。」（同2854頁）また、これらの「ことばに比重がある歌は、ことばのアクセントやイントネーションをそのまま音域を広げたような旋律法になる。」（同前）

　「ささげんじ」で使はれてゐるのは、下からEAHの３音、一度だけその上のDが使はれる。このDは「天津神は」の部分で使はれる。この部分、録音をきいて疑問があつたので、当時、

小学生に「ささげんじ」を指導してをられた昼間啓次氏に尋ねたところ、啓次氏もDを使つて歌つたと言はれた。ところが、啓次氏の父君たる昼間起佐雄氏（元三谷祭松区保存会会長）はそのやうに歌はなかつたと言はれた。「神は」を採譜のADHではなく、AAHで歌つたといふのである。どうやら親子の世代の差で歌にも違ひが生じてきてゐるらしい。これからすれば、以前は全曲通してEAHの3音で歌つたといふことになる。3音でも、その上にDが付加された4音でも、EとA、そしてHが明らかに核音として働いてゐるからには、中間音Gが使はれなくとも、これは民謡音階である。3音の場合、EAの民謡音階のテトラコルドの核音の上にHが付加された形である。わらべ歌の旋律は相隣り合ふ2音を基本にし、テトラコルドに収まる3音、テトラコルドの上か下に1音付加した4音などといふ形でできてゐるものが多い。「ささげんじ」の現状は、更にその上にDが付加されて2つのテトラコルドが作られる手前までいつてゐる。しかし、このDは一度だけで言はば瞬間的に使はれる。しかも、テトラコルドができるならば中間音である。無視はできないが、それほど重要視する必要もない。従つて、「ささげんじ」もこのテトラコルド＋1音の形に該当すると見て良いであらう。ただし、ここで「中心的な核音の力がとても強い」といふのは、Aとその上のHもまた強くできてゐるので、中心的な2つの核音の力がとても強いと理解すべきであらう。これもまたわらべ歌、一聴してわらべ歌たる所以である。

　くぐり太鼓の踊り手は15歳から20歳の青年である。衣裳は、天辺に幣、太い赤の紐飾り付き、マクといふ赤布を巡らせた中高塗り笠、袖に赤飾り付きの金地（大太鼓）と朱地、緑地（小太鼓）の短めの上衣、袴なし。豪華な衣裳である。その昔の三谷の財力が知れる。裁付袴を履かないのは珍しい。ちなみに、現在の踊り手には小学生もゐる。昭和48年に始まつたらしい。区内の秋津神社夏祭りでは、祭礼神事後に免許皆伝の小学校4年生の踊りが、夕方の煙火前には5年生の踊りが行はれる。

　踊りは以下の如くである。先頭大太鼓で、大太鼓右手から、小太鼓両手で打ち始める。大太鼓二打、小太鼓六打、三打、大太鼓一打、一打、進む。3人徐々に離れる。以上繰り返し。大太鼓が拝殿向かつて左側後方の角を越えて出発地点に近づくと、3人中央に集まる。反時計回りに3歩（？）進んで集まることを繰り返した後、後傾、前傾、大太鼓と大太鼓左側の小太鼓が位置を替へる（クグル・潜る）（A＋B）。この間の太鼓の打ち方は初めに同じ。以上を繰り返してクグルこと計6回。3人集まつて終了である。

　くぐり太鼓の特徴は、3人が境内一杯に大きく離れる動きと、クグル所作であらう。このクグルを「三谷祭」は以下のやうに説明する。

　くぐるというのは、親と左側の子との関係になるもので、親が先づ左手前に一歩出る。そして次に左側の子どもの所に位置を移す。そこにゐた子どもは　親のゐた所に跳んで、親と位置を交代する。この間、親の右側にゐた今一人の子のくぐり太鼓は移動する

ことなく、その場で踊つてゐる。(中略)移る際、一旦膝を曲げて腰を落し、背を丸める。そして太鼓を抱え込むような形になる。それを「くぐる」と言つた。くしやみをする時の姿勢が似てゐることから、その所作を「ハクション、ハクション」と言つた。

(「三谷祭」前編 32～33 頁)

ここでの「親」は大太鼓、「子」は小太鼓である。「子」太鼓は 2 番、3 番と通称される。上記の説明を非常に大雑把にまとめてしまへば、クグルとは大太鼓がその左側の小太鼓と位置を変へることである。その時、撥を前に突き出した低い姿勢で動く。それがあたかも潜つてゐるやうに見える。だからくぐり太鼓なのである。

このクグル所作は他の笹踊りには見られない。吉田神社の笹踊りでは小太鼓 2 人が左右の位置を変へ（A）た後、大太鼓が小太鼓の間を抜ける（B）。豊橋市内の老津、大村もこの流れである。ところが、旧宝飯郡小坂井町の菟足神社と伊奈の笹踊りでは、小太鼓の位置替へ（A）はあつても大太鼓がその間を抜ける所作（B）はない。旧宝飯郡御津町御馬の笹踊り、古い六月祭の踊りには小坂井同様、小太鼓の位置替へ（A）はあつても大太鼓がその間を抜ける所作（B）はない。そして、三谷松区は大太鼓と小太鼓一名が位置替へをするのである。見方によつては、これは小太鼓二名の位置替へ（A）の変形とも、小太鼓の間を大太鼓が抜ける所作（B）の変形ともとれる。いづれにせよ、豊橋以西の笹踊りと比べると、現在の豊川市等の、概ね吉田神社より北に位置する笹踊りが、小太鼓の間を大太鼓が抜ける所作（B）しか持たないのと対照的である。笹踊りはその所作を手がかりにすると、豊橋市内とその西と北のグループに三分できる。松区のくぐり太鼓は、踊り始めて拝殿前で徐々に大太鼓と小太鼓 2 人が距離を広げつつ、最後にクグリを繰り返すといふ流れからして、笹踊りの中でも特異な踊りだと言へる。しかも「ささげんじ」も、既に記したやうに、笹踊り歌と考へたとしても特異なものであつた。これらは松区の笹踊り（くぐり太鼓、ささげんじ）を考へる上での大きなヒントになるはずである。

新城市の笹踊り

愛知県新城市は、東三河地方山間部の、所謂奥三河の入口に当たる。その新城市には3か所の笹踊りがある。豊橋側から、富岡天王社(新城市富岡大屋敷)、新城市中心部の富永神社(新城市宮ノ後)、大宮の石座神社(新城市大宮狐塚)、この3か所である。本書の以下の記述も、基本的に豊橋から(距離的に)近い順に記す。これは祭礼日の順でもある。

17
旧富岡天王社
大太鼓が小太鼓の間を抜ける
平成23年

17 富岡天王社(新城市富岡大屋敷)

新城市富岡は「市の南部。東は中宇利、南は静岡県三ヶ日町、西は豊橋市に接する。中央部を南北に県道新城新居線、東西に県道豊橋新城鳳来線が通」(「角川日本地名大辞典」23愛知県1690頁)る。豊橋からは、その県道81号線で東名高速道路高架下を潜ると富岡である。大原、半原、下宇利の三地区からなる。天王社があるのは富岡の中心部たる半原地区で、豊橋から行くと、県道新城新居線沿ひの八名小学校のすぐ手前になる。現在の富岡天王社の鳥居には天王社の額がかかる。7月第2土曜、日曜の祇園祭の時には、祠に津島神社のお札を祀る。平成28年、古い祠を壊して、隣接地に新しい祠が建てられた。平成27年は祠がなかったので、近くの富岡中部集会所に津島神社のお札を祀って神事等を行つてゐた。

ここの祇園祭の笹踊りは子供の踊りである。小学校6年生の生まれ順の早い男児3名が踊り手になる。3人の太鼓による踊りゆゑに、富岡では笹踊りの踊り手3名をミツダイコ(三つ太鼓)と呼んでゐる。笹持ちは25歳の青年、現在は少子高齢化で25歳では収まらなくなつてゐるらしく、30歳の青年ださうである。

笹踊り歌はその大半が伊勢音頭である。最初に本来の笹踊り歌があり、それに続いて伊勢音頭が歌はれる。この伊勢音頭は以前から独立して歌はれることはなかつたといふ。あくまで最初の笹踊り歌に続いて歌はれたといふ。ただし、現在のお練りの行列中では笹踊り歌は歌はれてゐない。

笹踊りは、日曜日、本祭神事で一踊りの後、その終了後のお練りでも、要所で踊られる。笹踊りはそのお練りの先頭に位置する。正確には、区長を先頭にして２名の笹持ちが続き、その次にミツダイコがくる。以下、半原藩名残の槍等の武具持ちや神輿、干支張り子、お車（山車、ただし現状はトラック利用）等が続く。笹踊り歌はその笹踊りの後の位置で歌はれてゐたと記憶してゐるが、私が初めて富岡に行つた時には歌はれてはゐなかつた。代はりに録音された歌がお練りの道中で（軽トラのスピーカーから）流されてゐた。その後、私の採譜の演唱者である浅見計雄氏が、地元の中学生を指導しながらお練りで歌つてゐたこともあつたが、これも浅見氏の事情でいつしか取り止めとなり、以前の録音テープの歌を流す形に戻つていつた。更に、現在ではそれさへも行はれてゐないために、笹踊り歌自体が完全に忘れられた状態にある（のではないかと思はれる）。いづれにせよ、本来は青年が笹踊り歌の歌ひ手であつたはずなのだが、これも少子高齢化の時代の波に飲まれてしまつたのが現状であるらしい。

　笹踊りの衣裳は、柴田晴廣「牛久保の若葉祭」に、「木綿の上衣に、市松模様の木綿製裁着袴、笠は中高の黒張子」（298頁）とある。私の言葉で書けば、三つ巴紋つきの中高の黒張り子笠、薄茶地に唐草文の上衣、紺地に何とか輪紋といふのであらう柄の裁付袴である。市松模様ではない。衣装を変へることは他地区でもあつた。これも変へたのであらう。また、富岡では顔を隠す赤布を使はず、その代はりであらうと思ふが、顔を白粉で塗る。ちなみに、笹持ちは一文字笠に白の上衣、浅葱の袴着用である。

　踊りは、小太鼓前、大太鼓後ろで、太鼓を右手から打ち始める。３人二打、五打を繰り返す。小太鼓後ろ向きになつて大太鼓と向き合ふ。再び二打、五打３回繰り返し、その３回目、大太鼓後ろに反つて、両手を交互に頭上に上げる（Ｆ）。３人、両手を太鼓の上に載せて前傾（Ｅ）。小太鼓の間を大太鼓歩いて抜ける（Ｂ）。以上を計３回繰り返し。３回目に小太鼓はそのまま前向きになつて終はる。前傾（Ｅ）と両手を交互に頭上に上げる（Ｆ）所作は上長山でも行はれてゐたが、その順序は逆であつた。

　笹踊り歌の詞章を記す。

　　　エーイ　笹踊り
　　　町の真中に天王様立てて
　　　お家繁昌でお目出たや
　　　縁よ神　産よ神
一、ハアー　ヨイナー　お伊勢参りで　チョコ　チョイチョイ
　　　飲んだか酒を　ヨイセー　ソコセ
　　　天のナアー　岩戸の　そば菊酒　コノー　コノー
　※ヤットコセー　ヨイヤナー　アリヤリヤ

これは伊勢　このなんでもせー

二、ハアー　ヨイナー　伊勢は津でもつ　チョコ　チョイチョイ
　　津は伊勢でもつ　ヨイセー　ソコセー
　　尾張名古屋は城でもつ　コノー　コノ
　　　※…………………………………………

三、ハアー　ヨイナー　五万石でも　チョコ　チョイチョイ
　　岡崎様は　ヨイセー　ソコセー
　　お城下まで　それは船がつく　コノー　コノ
　　　※…………………………………………

四、ハアー　ヨイナー　吉田通れば　チョコ　チョイチョイ
　　二階で招く　ヨイセー　ソコセー
　　しかも鹿子の　それは振袖で　コノー　コノ
　　　※…………………………………………

五、ハアー　ヨイナー　松が見えます　チョコ　チョイチョイ
　　半原様の　ヨイセー　ソコセー
　　お家栄えるそれは　しだれ松　コノー　コノ
　　　※…………………………………………

六、ハアー　ヨイナー　浜松芸者に
　　貰うたる文を　ヨイセー　ソコセー
　　一寸見たのが天竜川仲々読めない中泉　袋井入れて掛川や日坂　越えて夜泣石
　　私の願いが金谷なら私が島田をやめたなら
　　貴方に藤枝　それはさせやせぬ　コノーコノ
　　　※…………………………………………

七、ハアー　ヨイナー　親も教えず　チョコ　チョイチョイ
　　師匠もとらず　ヨイセー　ソコセー
　　覚えましたよ　それは色の道　コノー　コノ
　　　※…………………………………………

八、ハアー　ヨイナー　明日はお立ちか　チョコ　チョイチョイ
　　お名残りおしや　ヨイセー　ソコセー
　　送りましようか　それは船戸まで　コノー　コノ
　　　※…………………………………………

九、ハアー　ヨイナー　痩せて出ました　チョコ　チョイチョイ
　　三日月様は　ヨイセー　ソコセー
　　やせるはずだよ　それは病上り　コノーコノ

※……………………………………………………

十、ハアー　ヨイナー　姉もさしたか　チョコ　チョイチョイ
　　妹もおさしよ　ヨイセー　ソコセー
　　傘もよく似た　それは蛇の目傘　コノーコノ
　　※……………………………………………………

十一、ハアー　ヨイナー　娘忍ぶにや　チョコ　チョイチョイ
　　おろかに行けぬ　ヨイセー　ソコセー
　　門外九つ門七つ　高い櫓を八つ越えて　四十四本の戸を開けて
　　お寝間のそばまで来たけれど
　　障子ナー　一重が　それはままならぬ　コノーコノ
　　※……………………………………………………

十二、ハアー　ヨイナー　涙こぼして　チョコ　チョイチョイ
　　手に筆もつて　ヨイセー　ソコセー
　　可愛い女房の　それは去り状書き　コノーコノ
　　※……………………………………………………

十三、ハアー　ヨイナー　去り状書いても　チョコ　チョイチョイ
　　わしや　手に取らぬ　ヨイセー　ソコセー
　　腹にや三月の　それは子がござる　コノーコノ
※　　　……………………………………………………

　　　　　　　　（「祇園祭伊勢音頭」と題する作成年等不明のB4版印刷物による。）

　最初の一字下げ4行が笹踊り歌である。富岡では伊勢音頭をこの祇園祭でしか歌はないといふ。地搗き歌等としても歌はない。祇園祭の笹踊り歌に続けて歌ふだけだといふ。ただし、笹踊り歌に「お家繁昌でおめでたや」とあるのを生かして、ここだけを建て前、棟上げの時などに歌ふことはあつたといふ。これは30年ほど前までは行はれてゐたさうである。
　富岡に伊勢音頭を伝へたのは伊勢の瓦職人だと言はれてゐる。韻律は基本的に近世歌謡調の七七七五である。最初の4章は近世歌謡のスタンダードナンバーとでもいふべきものであるが、次の第5章は半原藩のための替へ歌になつてゐる。伊勢参宮の街道下りは浜松から藤枝まで、この前後があつたのかどうか。他の詞章も含めて、あちこちの伊勢音頭の詞章、いや、有り体に言へば、流行り歌の寄せ集めなのであらう。
　この前に歌はれる笹踊り歌、私が演唱者の浅見計雄氏に歌つていただいたのは「町の真ん中に」だけであつた。これもまた第一句を除いて基本的に七七七五なのだが、先の倉光設人「三河の笹踊」中神歌篇笹踊神哥集初句索引類歌には次の詞章が載る。

エヽ笹踊り　神を諫める三つ太鼓　氏子繁盛でお目出度や　エンヨガミニサンヨガミ
(113頁)

こちらは七五七五である。私はこれを知らなかつたし、浅見氏も一切触れなかつた。だから採譜もしなかつた。流されてゐたテープにも入つてゐなかつたはずである。

　浅見氏は昭和2年に富岡に生まれた。基本的に富岡住まひであつたが、ただ、30代後半からしばらく豊橋に住み込みで働きに出てゐたといふ。それ以外は仕事もずつと富岡にあつた。伊勢音頭は昭和22年か23年頃、つまり氏が20歳の頃に、氏の祖母の弟である菅沼末造氏より習つたといふ。この方はお車(山車、お練りの行列の最後の方にある)のお囃子も教へてゐたさうである。氏もまた青年に伊勢音頭を教へたことがあり、しばらく教へてないから昔と違つてきてゐると言はれたほどの人である。倉光は富岡の詞章を「編者採録」としてゐる。つまり、倉光が富岡に行つた時点では歌はれてゐたといふことであらう。それは戦後の早い時期のやうであるが、倉光手稿本には執筆年等記載無しのやうなので詳細不明である。浅見氏が伊勢音頭を習得した頃に「神を諫める」が歌はれてゐたかどうか。歌はれてゐなかつたから教へられなかつたといふことであれば、倉光が行つたのは戦前であつたのかもしれない。

　二つの詞章の韻律は、「町の真ん中に」が七七七五であるのに対し、「神を諫める」は七五七五である。近世歌謡なら第二句の二字の差をいとも容易く吸収してしまふであらうが、富岡ではどうであらうか。ここの歌だと、この二つが全く同じ旋律でとはいかないやうな気がする。

　ちなみに、この「神を諫める」の詞章について、浅見氏と同世代のお年寄りに尋ねたところ、確かにそれはあつたと言はれた。「町の真ん中に」に続いて「神を諫める」が歌はれ、その後に伊勢音頭が歌はれたといふことであつた。さうであるならば、浅見氏は、意図的であると否とにかかはらず、「神を諫める」を歌はなかつたのである。お年寄りは、浅見氏なら知つてゐたかもしれないが、私はその歌を知らないし歌へないと言はれた。やはり、「神を諫める」は失はれたらしい。

　今一つ、以上の2章の富岡の笹踊り歌の類歌はないと思はれる。同様、はやし言葉エンヨーガミサンヨーガミも珍しいものである。エンヨーガミはヤンヨーガミの転訛音、あるいは母音交替形であらう。ヤ行のyeとyaである。しかし、サンヨーガミはどうであらうか。浅見氏は、昔の富岡は養蚕が盛んであつたからサンヨーガミだと言はれた。サンは蚕だといふのである。「明治10年山口象吉などによつて養蚕が導入され、急速に普及。」(「角川日本地名大辞典」23愛知県896頁)し、「明治31年山口象吉によつて釜数80基を備える谷川製糸工場が操業開始。」(同前)したといふから、富岡では実際に養蚕が相当に盛んであつたらしい。

だからサンヨーガミなのかと、実は私は思つてゐた。今回、富永神社の、現在は歌はれない未採譜の詞章に、次のやうなのがあるのに気がついた。

やよ神もやよやよやよさよ神もさよさよげにもげよげよ（倉光設人「三河の笹踊」中神歌篇笹踊神哥集初句索引類歌88頁、繰り返し記号のくの字点は使はなかつた。）

富岡はこの「さよ神」が撥音化してサンヨガミになつてできたのではないか。例へば豊川進雄神社の笹踊り歌のはやし言葉はゲニモサヨサヨカミモサヨサヨである。このサヨやサーヨーの類のはやし言葉は各地の笹踊りに頻出する。また、御馬の引馬神社六月祭の笹踊り歌は「やんよう神をさんよさよ」と歌ひ出す。「エンヨーガミサンヨーガミ」と似てゐるではないか。これらのことからすると、富岡のサンヨーガミが蚕ヨーガミ、産ヨーガミでないだけでなく、もしかしたら富永神社の「さよ神」も、他の笹踊り歌のはやし言葉の影響下に生まれたのではないかと思へてくる。富岡に限れば、直接的には、やはり富永神社の影響であらうか。さう考へると、サンヨーガミは珍しいが、決して独自のはやし言葉ではなささうだといふことになる。

　富岡の笹踊り歌は4度音程の2音からできてゐる。この2音がテトラコルドの核音であるが、中間音がないので音階を決めることができない。変イ長調で採譜してあるEsとAs、階名読みでソとドである。ならば中間音なしながら律音階であらうと思ふのだが、中間音次第では都節音階にも民謡音階にもなりうる。ただし、曲調からして都節音階ではなささうな気がする。もちろん琉球音階ではありえない。それゆゑに律音階かと思ふのだが、果たしてそれで良いのかどうか。しかし、最も穏当なのは、律音階か民謡音階の、日本の音階とすることである。これだけでは決めやうがない。

　ちなみに、この4度音程2音の笹踊り歌、五線譜のやうにきちんとした拍節で歌はれてゐないのは言ふまでもない。敢へて言へば三連符に近いリズムかなといふ程度で、とても五線に記せるものではない。そこで機械的に記した次第、御海容を乞ふ。

　続く伊勢音頭、使用音DEFABDEF、更にFisとHも出てくる。楽譜を見ると、Aが核音であらうとは直ちに見当がつく。次いでFが目につくが、それ以上に、要所で、つまり詞章の各区の最後はEになつてゐること、つまりはEが終止音であることが重要である。結局、ここにEFAのテトラコルドが想定されることになる。更に、その上にABDのテトラコルドも想定される。つまりは都節音階である。ただし、ヨイセーソコセとヤットコセーのいかにも伊勢音頭といふはやし言葉の部分で、FがFisに、BがHにと半音上がる転調がある。そこで、ここだけは律音階となる。西洋音楽で言へば、はやし言葉でニ短調が同名調のニ長調に転調してゐるのである。以下、まだ続くが基本はこれだけである。かくて、富岡の笹踊り歌の音階は、律音階（？）で始まつて、都節音階、一部律音階となる。

18
富永神社能舞台での奉納行事
大太鼓が小太鼓の間を抜ける
平成28年

18 富永神社（新城市宮ノ後）

　新城市中心部の富永神社はJR飯田線の新城駅に近い。歩いて5分ほどであらうか。それゆゑに市街地の神社である。「祭神須佐之男命。天一天王社と称し、創建年代不詳。天正年間（一五七三〜九二）までは平井郷にあってその産土神であった。慶長八年（一六○三）二月、当地に分霊を勧請、牛頭天王社といひ、慶安元年（一六四八）菅沼定実が当地を領してから代々菅沼氏に崇敬され（中略）明治六年（一八七三）富永神社と改称、同九年近郷十五ヵ村の氏神として郷社に列した。」（「愛知県の地名　日本歴史地名大系23」984頁）笹踊り歌の「天王の宮遷り慶長八年甲辰」もこの記述で確認できる。ただし、干支は癸卯である。笹踊り歌は更に「祭礼の始まりは寛文四年の壬卯」と続く。これに関して、いささか長くなるが、大原紋三郎「富永神社史」にかうある。

太田白雪
（寛文元〔1661〕〜享保20〔1735〕）
現在の新城市町並の商家に生まれる。俳諧をたしなみ、芭蕉との交流もあった。「新城聞書」等。

　富永神社（古くは牛頭天王社であるが）祭礼行事は何年頃から、またどのように行われて来たか正確なことは分からない。それに付いて手がかりになることは太田白雪の『新城聞書』に「寛文四年祭礼行事ハジマル」と誌されていることである。この寛文四年以前にも大祭の時、各種の神事や奉納余興があって、これが断続し或は隆替してきたが、この寛文四年の年に神事が制定され、毎年一定の形式で行われたものと私は解釈したい。そしてその神事は上町（今の本町）と下町（今の中町と栄町）の稚児舞、橋向の笹踊り、的場の御神輿渡御奉仕と獅子であったかと思う。（139頁）

　私にはこれが確定的な事実かどうか分からないのだが、白雪が寛文元年（1661）新城生まれであることからすれば、享保14年（1729）の「新城聞書」の記述と同じ「祭礼の始まりは寛文四年の壬卯」といふのは、大雑把な解釈からすれば正しいと思はれる。ただし、こちら

も干支は壬卯ではなく甲辰(きのえたつ)である。

　以上のことから、富永神社の橋向の笹踊りは寛文4年(1664)には行はれてゐたことになる。「太鼓の胴を調べてみると内側に元文三年(一七三八)午八月、新城橋向町と誌されてゐ」(大原前掲書142頁)るとのことであるから、遅くとも江戸時代半ばには富永神社で笹踊りが行はれてゐたのである。

　このやうに古い歴史を持つ橋向の笹踊りではあるが、実は平成28年の祭礼で、22年ぶりに笹踊り歌が復活したのであつた。笹踊りはずつと行はれてゐた。しかし、歌は20年以上歌はれてゐなかつたのである。

　私が初めて富永神社の祭礼に行つたのは平成10年頃であつた。その時には歌はれてゐなかつた。その後、宮司や橋向の方に何度か尋ねたのだが、以前は歌つてゐたなといふ程度の返事しかもらへなかつた。それからも私は笹踊り歌を探し続け、いくつかの伝手を頼りにして探し求める中で浅岡勝氏を紹介された。後日、浅岡氏は、地元では笹踊り歌と言へば浅岡だと言はれてゐる方だと聞いた。笹踊り歌を復活しようといろいろと御尽力されてゐたらしい。しかも、さう考へるだけあつて、笹踊り歌の録音テープも氏の手許にあつたのである。かつての笹踊り師匠の桜井正氏の演唱であつた。

　その録音を早速聞かせていただくと、それは私の平成5年、6年のVTRからの採譜とは似て非なる歌であつた。私はほとんど単音の歌かと思つたのだが、実際にはさうではなかつた。ちやんとした旋律である。しかし、それほど難しい歌ではない。採譜に時間はかからなかつた。それを平成27年の祭礼当日、会所に持参して確認したところ、これで良からうと言はれた。かくして、やつと富永神社祭礼の橋向の笹踊り歌の採譜が完了したのであつた。

　かつて、平成4年に、20年ほど歌はれてゐなかつた笹踊り歌が復活した。この時は平成6年まで続いた。このVTRを私は入手してゐたのであつた。平成7年は子供達の学校の事情で、つまり土曜日に授業があつて午前中の奉納行事に参加できないために歌はれなかつた。平成8年も歌ふ予定であつたのが、先のテープの演唱者で、笹踊りの師匠であつた桜井正氏の健康上の理由で、つまりは指導者なしといふことで歌はれず、以後も桜井氏逝去によつて、遂に昨年までの22年間の休止となつてしまつたのだといふ。笹踊り歌復活といつてもそんなに簡単なものではないのである。

　以上が、笹踊り歌復活に至つた、と同時に、私の採譜に至るまでの個人的な事情と地域の事情をごく大雑把に重ねた経緯である。私が初めて富永神社に行つたのは休止に入つて間もない頃であつたらしい。その後、私はずいぶん長い間うろうろしてゐたことになる。浅岡氏を初めとする祭礼関係者は、その間、復活に向けての努力をしてをられたのであらう。改めてその努力に敬意を表する。

　以下に笹踊り歌の詞章を記す。

一　天王の宮遷り慶長八年甲辰(きのえたつ)／祭礼の始まりは寛文四年の壬卯(みずのう
え)／枝も栄ゆる笹踊りコラサンサ
二　エー奥山の鹿の鳴くねに夢醒めて／秋の心はすごしるらん／笹踊りコラサンサ
三　エー八月は人のおもてを白々と／粉をぬるとも祝いるらん／笹踊りコラサンサ
四　天王様へ参って福の神をもらって／もうでの人も祝いるらん／笹踊りコラサンサ(平
成四年橋煙社「神輿附笹踊りの歌」による。振り仮名の大半は省略し、残したものは(　)内
に入れ、一部の表記を塚田の考へで私に改めた。)

以上4章が復活した詞章である。前回の復活時の印刷物をテキストにした。演唱者の桜井
正氏が歌ふのもこれだけである。ところが、やはり倉光設人「三河の笹踊」中神歌篇笹踊神
哥集初句索引類歌には他の詞章が載る。以下にそれを記すが、横組みゆゑに繰り返しのく
の字点が使へない。そこで「／＼」で代用しておく。御海容を乞ふ。

天王とあがまれたまふ御神は　すさのふのみことなり　日本一のあら神だ／＼
里のも中の神やしろ　たすきかけまつる三つ太鼓
一しめの神のまた　斎垣にたつる榊花　こりや神すずしめの拍子ぞろい
おやしきの三本すぎに雀が巣をかけて　直なる御代のためしとて　さぞや雀も住みよかるらん
奈良の都の八重桜　風にもまれて散るのおしさよ
沖の白波を見おろせば／＼汐見坂名所／＼
やよ神もやよ／＼さよ神もさよ／＼げにもげよげよ
上げられた方々は我々の業でなし　みな神のうつりたまふ業なるぞ
八月は人の面を白々と　粉をぬることもおもしろやとは祝ひなるらん
ふじの高根に名所かるらん　育てた雛もあわれなるらん
神と君との為にとて　のりうつり玉ふ　神々
此処の八幡様はなでの為にお出やつた　所はんじよと君を守り玉ふ神々　又うつり玉ふ
神々
(倉光設人「三河の笹踊」中神歌篇笹踊神哥集初句索引類歌86～89頁、復活した前記一～
四は省略し、一部の表記を塚田の考へで私に改めた。)

以上、韻律不定、非定型の短章の集まりである。採譜した詞章のうち、四の「福の神」は吉田
天王社の類歌である。他社にもよくある。一は天王社関連、富永神社関連の詞章である。二
と三は五七五七六の準短歌形式とでも言ふべき韻律で、吉田天王社等に類歌は見られな
いやうである。ただし、三は「八月は人のおもてを白々と」から天王社祭礼の笹踊り関連の

詞章と思はれる。

　二は吉田天王社に類歌がある。長尾文書の「鹿の啼音に夢さめて秋は心すごいよ秋は心すごいよ」である。既に記した如く、これも他に類歌らしき詞章や和歌がみつからない。それ以上に、第五句「すごしるらん」、吉田天王社では「すごいよ」の意味がよく分からない。吉田天王社の詞章からして、これが「すごし」であり、その連体形の「すごしかる」だとしても、「すごし」はク活用であるので、「すごしかる」といふ連体形は存在しない。近世だからそのあたりはアバウトだといふ事情があるのかもしれない。しかし、それを言つてはお終ひである。大体、それ以前に、この詞章に「すごし」はふさはしくないやうに思はれる。「すごし」は程度が甚だしい意味が基本である。しかも、古語としてはあまり肯定的な評価には使はない。簡単に言つて、悪い意味である。例へば「日本国語大辞典」第二版「すごい」の項を見ると、最初に基本的な意味として、「心に強烈な戦慄や衝撃を感じさせるような、物事のさまをいう」とある。それに続いて、

1　ぞっとするほど恐ろしい。気味が悪い。鬼気迫るようである。
2　ぞっとするほどさびしい。荒涼とした感じで背筋が寒くなるほどである。
3　ぞっとするほど美しい。戦慄を感じさせるようなすばらしい風情である。
4　あまりにその程度がはなはだしくて、人に舌をまかせるほどである。(第7巻905頁)

等の意味が載り、3、4の意味での古い用例は10世紀末の「宇津保物語」だけである。それでも近世に入れば、この意味でも多く使はれてゐたのかもしれない。そこで更に「角川古語大辭典」を見る。するとかうある。

1　もの寂しいさま。孤独で寂寞としたさま。寂しさが人の気持ちをふるわせるような場合に多く用いる。
2　恐ろしい感じのするさま。凄惨な感じのするさま。
3　あっと驚くほど優れているさま。(第三巻453〜454頁)

古語としての「すごし」も口語の「すごい」とほぼ同様の意味であると知れる。「角川古語大辭典」の3の語例はいづれも近世戯作から採られてゐる。古語としては本来否定的な意味が強かつたのに、近世に入つて肯定的な意味合ひで使はれるやうになつた語なのであらう。だとすれば、この詞章では、「日本国語大辞典」の4のぞつとするほどすばらしいといふ意味かもしれないわけで、さうでなければ、猿丸太夫の「奥山に紅葉踏み分けなく鹿の声聞く時ぞ秋は悲しき」が高じて、ぞつとするほど寂しいとでもなつたのかもしれない。「角川古語大辭典」の1の意味である。それなら分かるかとも思ふのだが、それでもやはり釈

然としない。

　ここで先の豊川市の大木進雄神社、西原の笹踊り歌に、「鹿の鳴ク音ニ夢サメテヤア鹿ノ鳴ク音ニ夢サメテ秋ハ心面白カルラン」といふのがあつたのを思ひ出す。第一句「奥山の」の欠けた形の類歌である。この下の句は「秋ハ心面白カルラン」となつてゐる。これならば分かる。いささか平凡かもしれないが、これなら分かる。西原の詞章は新城から伝はつた時に既にかうであつたのか、意味不明ゆゑに改めたのか。西原から伝はつたといふ上千両では、「鹿の鳴く音に夢さめて秋は心凄いなるらん」となつてゐる。いづれにせよ、西原が伝へられた本来の形かどうかは別にして、こちらの方が理解し易い詞章ではある。

　倉光に載る詞章には「編者採録」とある。これは倉光が直接聞き取つた詞章であるのかどうか。これまで「編者採録」詞章は倉光が現場で聞き取つて記録したと理解してきた。しかし、富永神社に関してはそれで良いのかと疑問に思ふ。倉光は明治20年生まれである。若い頃に行つて書き留めたのであらうか。「富永神社史」は、「現在残つているものは」として5章を載せてゐる。大原氏は明治42年の生まれであるから、倉光が20歳頃に実際に神輿渡御で歌はれてゐた詞章を採録したのならば、大原氏がそれを知らないことはありうる。しかし、昭和に入つてしまふと、大原氏も知つてゐさうなものである。また、倉光が何らかの資料の提供を受けて「編者採録」と記したとしたら、その資料の存在を正史の著者大原氏が知らないといふことがあるかどうか。正史に載らない詞章が個人の採録として載るのはいかなる事情によるのか。歌はれてゐないからだけであるのかどうか。少なくとも富永神社に関しては、倉光が現場で聞いた詞章を「編者採録」としたのかどうかは疑問に思はれる。だから、ここにはやし言葉がないことは、当時、実際にはやし言葉が歌はれてゐなかつたことを意味しないのかもしれない。倉光が富永神社を訪れた時期は不明であるが、その時にはこれらの詞章が歌はれてゐたのかどうか。「富永神社史」の5章分だけが歌はれてゐたのではなかつたか。不明な点ばかりで、いささかどころか、大いに疑問の残る「編者採録」である。

　その倉光の詞章の中で、「八月は」は復活した詞章の三にほぼ等しい。こちらの韻律は五七五八七七で、下の句の中の七の一句分が多い形である。これを除けば、この詞章の韻律も内容も三にほぼ等しくなる。その三の第五句は、本来は「祝ひなるらん」であつたかと教へてくれる詞章でもある。同じく、「里のも中の」もまた「三つ太鼓」とあるゆゑに笹踊り関連の詞章である。

　倉光採録の「日本一のあら神」「沖の白波」は吉田天王社の類歌で、あちこちで見られる。「奈良の都の」も吉田天王社の類歌と思はれるのだが、後半が少々違ふ。この「風にもまれて」「散るのおしさよ」等で「新編国歌大観」を見ても、既に記したやうに、類歌らしき和歌はない。

　これら以外の「一しめの神」「おやしきの」「やよ神も」「上げられた」「ふじの高根」「神

と君」「此処の八幡様は」の7章は他に類歌は見られないやうである。独自に作つたのか、どこかから独自に取り込んだのか、笹踊り歌としては珍しい詞章である。

　なほ、橋向の笹踊り歌のはやし言葉は、倉光採録詞章にはないが、コラサンサである。これは珍しい。ゲーニモサーとかヤンヨーガミが出てくるのが普通であるのに、ここはコラサンサである。「富永神社史」に載る詞章は5章、採譜した詞章を一二四五として、三に次の詞章が載る。

三、エー里の最中(モナカ)の神やしろ　たすきかけまつる三ツ太鼓　神すずしめの拍子ぞろい　コラサンサ(143頁)

これは倉光採録詞章の「里のも中」に「一しめの」の後半部を付加した詞章で、旋律は採譜の二、三と同じではないかと思はれる。「富永神社史」に載るのは、当時、このやうに歌はれてゐた、あるいは、歌はれてゐたといふ記憶があつたからであらう。この書の刊行は昭和51年、橋向の笹踊り歌は平成4年以前に20年ほど歌はれてゐなかつたといふ。正確な年数を確認してゐないが、間宮前掲論文には、「昭和四十年の秋祭を最後に、新城祭は本町の氏子達の能狂言奉納のみの静かな祭となつてしまつた。」(58頁)とある。この時点で、笹踊り歌が歌はれなくなつたのであらうか。「富永神社史」はこの10年後の刊行である。著者大原紋三郎氏の頭に、その頃の記憶があつてこの5つの詞章が書かれたのであらう。つまり、その頃には三の合体した詞章もあつたし、はやし言葉はコラサンサであり、その歌を子供達が歌つてゐたといふことであると思ふ。

　これを換言すれば、この頃には青年の歌ふ笹踊り歌がなくなつてゐただけでなく、倉光に載る詞章の大半は既に歌はれなくなつてゐたといふことではないか。歌ひ手が子供に変はつた時点で残されたのが「富永神社史」に載る5章だつたのではないか。一三四五は富永神社祭礼関連であるから残された。二は、よく分からないのだが、その季節から、秋祭りにちなんで残されたのかもしれない。私は、大原紋三郎氏の誕生後であつても、氏の記憶に残らないほどの時点で、橋向の笹踊り歌は先の5章のみがコラサンサのはやし言葉を持つ子供達の歌として成立、いや再生したのではないかと考へる。

　わざわざこんなことを書くのは、橋向の笹踊り歌のはやし言葉も、本来はゲーニモサーとかヤンヨーガミが出てくる形ではなかつたかと想像するからである。新城から伝はつたと言はれてゐる西原や上長山のはやし言葉は、サーゲ、ヤンヨーガミモーヤヨヤンヨーとゲーニモサーヨーであつた。コラサンサ系ではない。逆に、次に記す新城市大宮の石座神社の笹踊り歌にははやし言葉がない。これは、伝へられた時点ではやし言葉が既にコラサンサであつたので、大宮でそれを採り入れなかつたのではないかと私は想像する。

　これを更に敷衍してしまへば、倉光採録時には橋向の笹踊り歌にははやし言葉がなか

つたとさへ考へられるのではないか。歌はれなかつたから記されなかつた。倉光がコラサンサを採録してゐないのは、その時点ではやし言葉がなかつたからではないかとも思はれる。倉光設人「三河の笹踊」上神歌篇囃子言葉資料を見ると、やはりコラサンサは出てこない。ゲニモ系やヤンヨーガミ系は（たぶん）すべて載るのに、コラサンサは出てこない。倉光の何事も網羅的に調べるといふ方法からして、敢へてコラサンサを省略したとは思へない。もともとなかつたから書かなかつた。つまり、倉光採録時の橋向の笹踊り歌にははやし言葉はなかつたのではないかといふことである。これからすれば、大宮にははやし言葉なしで伝はつたので、はやし言葉がないのかもしれないのである。つまり、遅くとも明治10年代以降には、橋向の笹踊り歌のはやし言葉はなくなつてゐたと思はれる。ただ、倉光がそんなに古い頃に新城でこれを記録したのかどうか。倉光は明治20年生まれだから、明治の終はり頃に詞章を記録したことは、可能性としてはありえよう。橋向の笹踊りのはやし言葉が相当の長期間にわたつてなかつたのでなければ、かなりの矛盾と疑問を抱へた考へ方である。もちろん本当のことは分からない。しかし、そのやうなことに関はりなく、笹踊り歌のはやし言葉としては非常に珍しいコラサンサである。

　橋向の笹踊りの踊り手は、現在、中学2年生の男子3名である。ただし、市街地ではあつても、ここも少子化から逃れ難く、最近は女子が踊り手を務めるやうになつてきた。笹踊りとしては珍しい。「富永神社史」にかうある。

　　江戸時代では町内の家柄もよく、本人も出来のよい優秀な者の内から笹踊りを勤める
　　者三名を選んで城中へ届けると、間もなくお呼出しがあつてしつかりやれとの激励の
　　お沙汰がありお盃を頂戴したものであつたということである。（142頁）

ここには踊り手の性別、年齢が記してない。現状からすれば、その時の青年から選ばれたのであらう。江戸時代ゆゑに、もしかすると元服の年齢などといふ条件があつたのかもしれない。中学2年生が踊り手といふ現状がそれをうかがはせる。

　踊り手に対して、笹踊り歌の歌ひ手は、現在は、小学生である。平成4年の時も小学生であつた。この時は桜井正氏が音頭取りとして最初を歌ひ、その後を子供達が続くといふ形で歌はれた。歌はれたのは、前記の採譜された詞章4章分である。平成28年の復活では大人の音頭取りがなくなり、歌ひ始めを指示された子供達は4章分を続けて歌つてゐた。歌つたのは土曜日、宵祭り午前中の奉納行事への道中のみであつた。平成6年までは舞台でも歌ひ、午後の神輿渡御にも同行して歌つてゐた。

　「富永神社史」にかうある。

　　昔は笹のついた竹に、ほうずき提灯をたくさんつけたものを二本、笹の模様のついた長

ハッピを着た人二人が持ち、若衆が着物を着て手を内から懐に入れて両方に開き、雀のような格好をして飛びまわつたり、袂の中にウドン粉を入れて、見物の娘さんの顔に塗つたりしたといふことである。(143頁)

ここには笹踊り歌に関する記述はない。しかし、笹踊りの項目中の記述であり、「長ハッピを着た人二人」は笹踊りにつきものの笹持ちである。現在も、子供達も含めて、この笹のついた法被を着てゐる。その子供達に関する記述もない。それゆゑに、この「若衆」以外には笹踊り歌の歌ひ手はゐないと思はれる。その昔は、「若衆」、青年が笹踊り歌を歌ひながら神輿渡御に同行したらしい。ただし、それでもやはり、ここに笹踊り歌や歌ひ手に関する記述はない。これは著者大原氏(明治42年生)がこれらを確認できなかったからであらうと思ふのだが、もしさうだとすればこの記述は一体いつ頃のことなのであらうか。倉光採録時の年、状況とも関連して、是非とも知りたいところである。後考を俟つ。

ところで、平成28年の笹踊り歌復活時には、笹踊り歌は宵祭り午前の神事終了後に行はれる奉納行事のための、橋向会所から富永神社までの道中でのみ歌はれた。手許の20年前の復活時、平成5年、6年のビデオを見ると、会所からの道中はもちろん、奉納行事の舞台でも歌つてゐるし、午後の神輿渡御にも参加して歌つてゐる。もちろん、御旅所での笹踊り奉納時にも歌つてゐる。つまりは、笹踊りは踊り手も歌ひ手も神輿渡御に最初から最後まで奉仕してゐた。「神輿附笹踊りの歌」であれば当然であらう。平成28年の復活では最初の道中のみで歌はれた。復活最初のことでもあり、子供達への負担も考へてそれらは省略された。「神輿附笹踊りの歌」であるからには、本来は笹踊り歌も神輿渡御に加はるべきものであらうが、これも復活への一つの道程である。今後に期待したい。

「富永神社史」によれば、神輿渡御に於ける笹踊りの位置は以下のやうである。

字総代、祭礼世話人、などの先導で軽快なかぐらの囃子を先頭に行列が進んでくる。賽銭箱、氏子総代、本町と下町の稚児が続き、次いで荘重な笙ヒチリキを奏しながら入船の雅楽が進んでくる。四神旗、大榊、挟箱の後に十二人の供奉者に担がれた神輿が静々と進み、神官、お供が威儀を正してこれに続く。その後は笹踊りが勇壮な太鼓を打ち、提灯をつけた二本の青竹と共に進んでくる。この後に各町内の山車が云々(166～167頁)

「神輿附笹踊り」である。確かに神輿に近い位置にある。と同時に、山車の前、もしかしたら神輿渡御の行列本体の最後尾に位置してゐる。笹持ちは2名、しかし笹踊り歌の歌ひ手の記述はここにもない。先の「雀のような格好をし」た青年が歌ひ手であれば、決められた場所に留まつてゐるやうな歌ひ手ではないであらうから、書かない方がむしろ良いのかもしれない。あるいは、歌ひ手は存在しないがゆゑに、ここに書かれてゐないのかもしれな

い。不明である。

　笹踊りの踊り手の衣裳は、中高塗り笠、腕に黒の飾りつき朱地の上衣、赤の裁付袴である。顔を隠す赤布は使はずに白塗りである。踊りはかなり特徴的で、他と比べると、太鼓打ちに大きく比重が置かれてゐる。土曜日、宵祭り午前の奉納行事、能舞台での踊りは以下の如くである。踊り手等紹介の後、(右手から打ち始め)3人、二打、七打、三打。以下繰り返し。途中で小太鼓大太鼓の順に縦隊になり、また元の隊形に戻る。大太鼓のみで打つ。3人で打つ。前傾(E)で小太鼓の間を大太鼓歩いて抜ける(B)。抜ける前に一打。3人一打、小太鼓七打、大太鼓、後傾、両手を交互に頭上に上げる(F)。七打目で3人前傾(E)。小太鼓の間を大太鼓歩いて抜ける(B)。抜ける前に一打。3人一打、小太鼓七打、大太鼓後傾、両手を交互に頭上に上げる(F)。七打目で3人前傾(E)。以上を繰り返し、4回。小太鼓前向き。最初に戻ってそのまま道中に、つまり舞台から橋がかりを通って退場である。基本的には、豊川方面の踊りに前傾(E)と片手を交互に頭上に上げる所作(F)が付加された踊りと言へる。

　橋向の笹踊り歌は、平成28年の復活時のやうに子供達が歌ふとほとんどわらべ歌に聞こえる。採譜に使用した録音は、平成4年当時の笹踊り師匠であつた桜井正氏演唱による録音である。録音年月等不明、しかし、復活した頃の録音であらうと思はれる。この使用音はDEGAHである。Hは最後の詞章の「天王様」で使はれるだけで、これを除けば基本的に4音からなる。Dは例へば「枝も栄ゆる」で出てくるだけであるから、歌のほとんどはEGAの3音でできてゐることになる。音階は、これがそのままテトラコルドとなり、核音EA、中間音Gの民謡音階となる。ほとんど使はれないDとHはHDEのテトラコルドを想定すればそれに収まる。このやうに、橋向の笹踊り歌はほとんど3音でできてをり、しかもそのテトラコルドの上の核音Aが圧倒的に強い。私が単音からなる旋律かと、よく聞こえない音源から考へたのもこのせゐであつた。だから、ほとんどわらべ歌なのである。三谷で引用した「中心的な核音の力がとても強い。」(「音楽大事典」第5巻2853頁)のがそのまま当てはまる。リズムも「強拍弱拍の区別のない2拍子が基本だが」(同2854頁)、必要に応じて3拍子が混ぢる。そんな歌を子供達が歌へば完璧にわらべ歌に聞こえる。もしかすると、コラサンサといふ笹踊りには珍しいはやし言葉もそんな印象を強めてゐるのかもしれない。昔の青年はこの歌を、前記のやうな事情で、たぶん歌つてゐない。

　なほ、橋向の採譜の最後に、昨年復活した子供達の歌も記しておいた。見て分かる通り、桜井正演唱の譜と比べると、基本は同じであつても小異がある。「枝も栄ゆる」と、他の詞章のそれに該当する部分である。この違ひについて浅岡氏に尋ねたところ、えつ、違つてゐたのかといふ感じで、全く気にしてはをられなかつた。要するに、この程度の差はほとんど問題に、いや全く問題にならないのである。もしかしたら歌ひ手の<癖>かもしれない。あるいは別バージョンかもしれない。しかしそれだけのこと、大勢に異常なし。当事者

は気にしてゐない。音階も変はらない。そんなわけで、一つの記録として、ここに両者を載せておく。

19
石座神社拝殿前
大太鼓が小太鼓の間を抜ける
平成26年

19 石座神社（新城市大宮狐塚）

　新城市の三番目の笹踊りは大宮の石座神社である。大宮は「雁峰山を源とする大宮川の中流に位置する。」（「角川日本地名大辞典」23愛知県296頁）と言はれても、実は私にはよく分からないのだが、ごく大雑把に言ふと、JR飯田線茶臼山駅の北、現在はすぐ近くを新東名高速道路が通つてゐるあたりである。近くには設楽原古戦場の信玄塚がある。

　ここの石座神社は「旧設楽郡域内唯一の式内社で、『延喜式』神名帳には、宝飯郡六座のうちに『石座神社』とみえる。」（「愛知県の地名　日本歴史地名大系23」993頁）笹踊り歌には「石座様の勧請は　大宝三年　みずのとの卯の九月吉日よ」とある。大宝三年癸卯は703年である。しかし、諸書には創建年代不詳とある。

　前記の如く、新城市街地の「富永神社は下平井村の天一天王社の分霊を勧請したものである」（「富永神社史」7頁）。その「平井の天一天王社は市内大宮にある石座神社境内の天王社を分霊されたものとも云はれる。（中略）すると新城の富永神社は石座神社境内の天王社が平井に遷つて田中天王（天一天王）と云はれ、さらにこの平井から新城へ遷つたといふわけである。」（同9頁～10頁）これが笹踊り歌の「天王の宮遷り慶長八年」である。このやうに、この二つの神社には古くからの関はりがあつたのである。

　この縁であるのかどうか、大宮の石座神社にも笹踊りがある。例祭は、旧暦では9月二の午に行はれてゐたが、現在は10月第2土曜、日曜に行はれてゐる。土曜日午後2時頃と日曜日午前11時頃に、一行は大宮構造改善センターから神社に向かふ。かつては構造改善センターよりやや東の般若寺から出発して、耕地整理以前の田の中の参道を往復したとい

ふ。石座神社に着くと、一の鳥居、二の鳥居、そして拝殿前でそれぞれ一踊りする。

　踊り手は小学校1年生3名、現在は少子化でなかなか3人そろはない。そんな時は上の学年から応援である。平成27年は久しぶりに1年生が3人そろつたが、翌平成28年は大太鼓の1人が大きいと思つたら4年生であつた。衣裳は、金地の花笠、白緑の襷、赤の上衣、薄紫の裁付袴、3人とも顔は白塗りである。これは新城市内の笹踊りの特徴である。富岡も、富永神社の橋向も踊り手は未成年で、赤布で顔を隠さずに白塗りである。

　笹持ちは2名、土曜日宵祭りには提灯をつけた笹を、日曜日本祭りには短冊をつけた笹を持つ。宵祭りの提灯は夕刻に笹踊りが出た名残であらう。笹持ちはかつては青年であつたと思はれるが、現在は役割分担に従つて務めてゐる。

　笹踊り歌を歌ふのは異装の青年である。裾の短い浴衣を着て懐手、顔は白塗りに適当なメークを施す。隈取りなどといふものではない。決まりなどないから、それこそ各自思ふがままに工夫して顔を作る。そして編み笠、折編み笠と言ふのであらうか、それを半分以上は頭の上に突き出すやうにかぶる。これはスズメのクチバシのやうにかぶつてゐるのださうである。笠の上端から五色の切り紙（紙垂・四手？）が垂れてゐる。さう、つまりはこの青年もスズメなのである。だから、刈り取りがすんでゐようがゐまいが、スズメは道中で田に入つたりして暴れる、戯れる。神社境内でも同様である。このやうにしながら、思ひ出したやうに笹踊り歌を歌ふのである。

　ここで先の「富永神社史」の記述を思ひ出していただきたい。「若衆が着物を着て手を内から懐に入れて両方に開き、雀のような格好をして飛びまわつたり」したといふ記述はそのまま大宮にも当てはまるのではないか。衣裳といひ、その所作といひ、この2つはよく似てゐる。ただし、大宮ではスズメは神輿渡御について行くわけではない。笹踊りについて行くのである。また、富永神社では青年が「袂の中にウドン粉を入れて、見物の娘さんの顔に塗つたりした」らしいが、これは、現在、大宮だけでなく、他のすべての笹踊りにも見られないことである。かつてそのやうなことがあつたとも、私は寡聞にして聞いたことがない。大宮ではその「ウドン粉」の代はりであらうか、顔を白塗りにしてメークを施す。このやうに、笹踊り歌の歌ひ手に関しては、大宮とかつての富永神社はよく似てゐるのである。

　石座神社の笹踊りは小学校1年生の踊りであるから易しい。（右手から打ち始め）3人向き合つて六打。六打目、軽く前傾（E）。3人二打。小太鼓の間を大太鼓歩いて抜ける（B）。抜ける前に一打、抜ける時に一打。以下、以上を計3回繰り返す。富永神社や富岡と似てはゐるが、片手を交互に頭上に上げる所作（F）がない。軽く前傾して（E）すぐに大太鼓が小太鼓の間を抜ける。これは小学校1年生の踊り手に対する配慮であらうか。

　笹踊り歌の詞章は以下の如くである。

笹踊りねり言葉／石座様の勧請は　大宝三年　みずのとの卯の九月吉日よ　えへんみつ

よしの　こうぬれ子供　欅かけましょみつだいに　千早ぶる　千代も八千代も　竹に灯して願い上げましょ
帰りのねり言葉／石座様に参って　福の神をもらって　ありがたやぁ
（大宮生活改善センター内の額に掲示されてゐる詞章、一部の表記を塚田の考へで私に改めた。）

　大宮の石座神社の笹踊り歌はリズムだけの歌ではないが、それでもかなり単純だと言へる。使用音CD、これだけである。従って、音階を判断しやうがない。ただ、このやうに2音からなる旋律をエンゲメロディーといふ。平凡社版「音楽大事典」エンゲ・メロディークの項にかうある。

　せまい音域内の音歩行で旋律を構成すること。主として民族音楽学で用いられる旋律の類型概念。わらべうたや民謡、非欧米の歌などにその例が多くみられる。

（第1巻253頁）

ここでは2度音程である。富岡のやうに4度音程ならば音階を考へられないことはないが、このやうな2度では無理である。従って音階を問へないエンゲメロディーであるとしておく。
　採譜では×の譜頭を多く使つてある。大宮の笹踊りに詳しい中島豊氏の言では、若い頃、年寄りから力強く、力を込めて歌へと言はれたといふ。実際、スズメの青年は今もそのやうに歌つてゐる。だから、このやうに五線譜に記すこと自体に無理があるのだが、それでもこんな感じに聞こえるといふことではある。
　今一つ書いておく。石座神社の笹踊り歌には行きの歌と帰りの歌がある。「笹踊りねり言葉」が行き、「帰りのねり言葉」が帰りである。帰りの詞章は「石座様に参って　福の神をもらって　ありがたやぁ」といふもので、これは富永神社の四「天王様へ参って福の神をもらって／もうでの人も祝いるらん」の前半とほぼ同じ詞章である。吉田天王社の類歌でもある。しかも、その旋律も富永神社とよく似てゐる。「福の神をもらって」の部分は、一度聞くだけでほとんど同じ旋律だと分かる。地元の方はもちろん知らなかつた。現在は両所の交流はないし、富永神社は平成28年に22年ぶりに復活したのである。私も昨年、平成28年に初めてきいてこれに気がついた。
　吉田神社の最後に書いたが、石座神社のこの歌の旋律が吉田神社の「天王へ参りたれば」ともよく似てゐるのである。吉田神社の笹踊り歌のはやし言葉を除いた部分はほとんどがHでできてをり、最後の「福の神を」の「を」で二度下のAが使はれる。3番目の「天王と申するは」では「と」の最後がAに下がる。これなどは他の歌でもさうなり得ると思ふのだが、もしさうであれば、Hだけの中でAが2か所で使はれてゐることになる。それでも

二度音程2音しか使はれてゐない。つまり、吉田神社笹踊り歌のはやし言葉以外の(本体)部分は石座神社同様のエンゲメロディーなのである。

　倉光設人「三河の笹踊」中本文篇笹踊の太鼓を見ると、大宮の太鼓の打ち方に関して、「大宮は新城から移したといつてゐる。」(22頁)とある。これからすると、笹踊りに関しても富永神社と石座神社は関係があるらしい。橋向の詞章に「里のも中の神やしろ　たすきかけまつる三つ太鼓」といふのがある。富岡では「神を諫める三つ太鼓　氏子繁盛でお目出度や」といふ詞章があり、踊り手をミツダイコといふ。それに対して大宮は「えへんみつよしの　こうぬれ子供　襷かけましょみつだいに」といふのがあり、この「みつだい」は三つ太鼓の「こ」の脱落した語であるらしい(同4頁)。つまり、新城市内の3か所とも「三つ太鼓」といふ語を含む詞章を持つのである。

　踊りも、以上見てきたやうに富岡と大宮はよく似てをり、大宮の方がより簡単になつてゐる。橋向の踊りは太鼓のリズム中心のいささか特異な笹踊りであるが、あれをより小さな子供向けに易しく作り直せばああなるかといふ感じではある。富岡にも(新城から)伝はつたといふ伝承がある。

> 富岡天王社は、慶応年間(一八六五～一八六八)疫病が流行したのを機に藩主安部信発(一八四七～一八九五)が津島から勧請した。祭礼もそのときから始められる。したがつて富岡で笹踊が奉納されるのも幕末といふことになる。
>
> 　　　　　　　　　　　　　　(柴田晴廣「牛久保の若葉祭」298頁)

地元の方によれば、安政、万延、文久の頃、つまり1860年頃のことであつたといふ。しかし、これは誤差の範囲であらう。ここには新城からとは記されてゐないが、笹踊りの振り、所作からして新城の橋向から来たとしか考へられないと私は考へる。

　いづれにせよ、富岡と大宮の笹踊りは富永神社の橋向から伝はつたと思はせる。少なくとも大宮の帰りの歌「石座様に参つて」とスズメの在り方は、それを予想させるに十分である。大宮が「新城から移した」のは太鼓の打ち方だけではない。笹踊り一式を移入し、それを大宮にあはせて作り直した。現代風に言へば、大宮は橋向の笹踊りをコピーして、大宮にあはせてアレンジしたのであつたらう。

　ここで富永神社を思ひ出す。さうして、資料の残らないことを幸ひに、大いに二社の関係を妄想する。

　大宮が橋向の笹踊りを受け入れたとすれば、それはその時点での橋向の笹踊りであつたと思ふ。普通は、それと違ふものをわざわざ持つてくることはないであらう。さうであるならば、その時点での橋向の笹踊りは、現在の太鼓の打ち方中心のいささか特異な踊りではなく、ある意味、ごく普通の笹踊りではなかつたか。だからこそ大宮の笹踊りは普通

の笹踊りなのである。詞章も、はやし言葉を除いて、最初の神社の縁起的な内容の詞章は自社に合はせて受け継いだ。旋律もほぼ踏襲した。四の「福の神」の旋律の相似はそれを示してゐる。一の旋律もまた石座神社は受け継いだ。私が橋向の笹踊りをリズムだけの歌ではないかと思つたのは、橋向の歌もまた4度音程の中でAを中心に動いてをり、それがエンゲメロディー的な旋律、いや単音の旋律と見えたからであつた。

　ここで更に妄想をたくましくする。本来の橋向の笹踊り歌は2音でできたエンゲメロディー(的な歌)であり、大宮はそれを忠実に受け継いだのではないか。ところが橋向では、それが、歌ひ手が青年から子供に変はる時点で、笹踊り歌も子供に合はせて手直しされたのではないか。だから、ほとんどわらべ歌なのである。コラサンサもその雰囲気にふさはしいはやし言葉としてこの時点で採り入れられたのではないか。

　既に記したやうに、吉田神社の基本部分がエンゲメロディーであつた。本来の富永神社の笹踊り歌はそれを受け継いでゐたのではないか。それを大宮がまた忠実に受け継いだのである。富永神社でははやし言葉も吉田神社のを受け継いでゐたのだが、子供を歌ひ手にと変更した時点で、はやし言葉の1オクターブの跳躍は子供には難しいなどとしてコラサンサに変へられたのではないか。はやし言葉に於ける跳躍音程は牛久保や豊川でも聞かれるところである。新城の踊りも豊川に類似する点からすれば、コラサンサ以前にそんなはやし言葉があつたといふことは十分にあり得よう。

　更に、笹踊り歌の歌ひ手が、吉田天王社、吉田神社も、橋向も大宮も、そして新城から伝はつたといふ西原も浴衣に編み笠である、あつたことは、この考へを補強してくれるのではないかと思ふ。

　ここで問題が出てくる。大宮に笹踊りが伝はつたのはいつかといふことである。柴田晴廣「牛久保の若葉祭」に広田弘「石座とわくぐり神社」(『東海日日新聞』寄稿「東三河の祭り」48、1972年11月3日付)からの引用がある。その半分ほどを再引用しておく。

> この笹踊りの起源については、往古この地方から伊勢神宮へ奉納していた鳥名子の舞の名残りであるという説がある。石座神社の神事になったのは、明治十年ころからで、鳳来町の大草にあったものをゆずり受け、当時能楽の笛の上手であった戸田与平次　左平次たちが指導したのが始まりであるといわれている。
>
> (柴田晴廣「牛久保の若葉祭」300頁より再引用。)

私は大宮の笹踊りは橋向から伝はつたと考へてゐる。この大草伝来説は信じ難い。しかし、ポイントは「明治十年ころ」と「能楽の笛の上手」である。「能楽の笛の上手」を奥三河に求めるならば、それは富永神社しかなからう。そこで大原紋三郎「新城祭礼能番組帳」を見る。すると、その下に戸田与平次が出てくる。同じく大原紋三郎「新城祭礼能番組帳解説」を見

ると、出勤者の笛方の部(121頁)と師匠、及び町外からの出勤者(125頁)の中に戸田与平次の名がある。与平次は大坪の人で、明治4年から18年までの間に富永神社の祭礼能に6年間出勤したらしい。「新城祭礼能番組帳」下を見ると、明治4年の「葵」を初出として、明治18年9月24日の「小鍛冶」「船弁慶」までの6年間、特に最後の3年間の出勤が多い。ただし、左平次の名はない。言ひ伝への与平次が存在するからには左平次もゐたのであらうが、富永神社の祭礼能には関係してゐなかつたのであらう。祭礼能の番組帳には出てこない。あるいは私が見落としたか。

　与平次は大坪の人である。大坪は「江戸期〜明治9年の村名、三河国設楽郡のうち。豊川支流大宮川中流域。(中略)明治9年大宮村の一部となる。」(「角川日本地名大辞典」23愛知県279頁)ごく大雑把に言つてしまへば、与平次は大宮の人であつた。大坪は、大宮の中では石座神社から離れてゐると言ふべきで、「国道151号線・JR飯田線が並行して東西に」(同前1689頁)走るあたりが大宮の南部、大坪である。明治9年以降、その大坪は大宮に入つたのである。

　「富永神社史」の「七　神職」の章中にこんな記述がある。明治維新後の神主鈴木得一郎に関する記述である。

> 神主就任は明治四年五月十四日と書いたものもあるが、本人自筆の履歴書の下書きを見ると、明治七年三月石座神社詞掌、富永神社詞掌兼務就任となっている。次いで明治二十五年九月二日石座神社を辞任して、富永神社専務詞掌となった。(92頁)

「明治十年ころ」には、鈴木得一郎が富永神社と石座神社を兼務してゐたのである。得一郎は「天保十一年(一八四〇)五月二十五日、尾州藩士松下儀平の二男として生れ、鈴木家へ養子した」(同91頁)人であつた。「鈴木家は屋号を松屋と云ひ(中略)当時屈指の旧家で、江戸時代は下町(中町)に居住し豪商として知られ」(同前)てゐたといふ家柄である。得一郎は元服頃から漢学等を学んでゐるが、「明治十七年十月より愛知県皇典講究分所に入って皇学を、明治二十五年二月より八名郡加茂村の竹尾正久に和学(国学)を学んだ。」(同92頁)といふ。

　先の与平次は、得一郎が富永神社と石座神社の詞掌兼務中に祭礼能に出勤してゐた。2人の履歴は明治18年まで重なる。その縁で、与平次が富永神社の笹踊りを大宮に伝へたのではないか。左平次はそれを手伝つたのである。先の石田説の、笹踊りは「鳥名子の舞の名残りで」あつて、「鳳来町の大草にあったものをゆづり受け」たといふ点は認められないものの、上記の2人の関係から、それを、新城の富永神社から譲り受けて、明治10年「当時能楽の笛の上手であった戸田与平次　左平次たちが指導したのが始まりである」とすれば、大宮の笹踊りの始まりの大雑把な説明になるのではないかと思ふ。ただ、明治10年といふ

のは明治10年代と幅を持つて理解した方が良ささうな気がする。

　この神主鈴木得一郎が笹踊りに直接的に関係があつたかどうかは分からない。ただ、笹踊りの他社への伝播に何らかの形で関はつてゐたであらうことは想像に難くない。兼務の二社であればなほさらである。富永神社に於いて、神主、宮司が各地区の行事等に直接的に関はることはないさうである。ここでは神主が大宮の氏子与平次の請ひに応へて仲介したといふ程度であらうか。

　ここで先の妄想に戻れば、富永神社橋向の笹踊りは、他社への伝播を終へてから現在の踊りに改められたのではないか。さうであればこそ、新城から伝はつたと思はれる西原と上長山、富岡、大宮との踊りの違ひの説明がつく。富永神社だけが新しく、特異な踊りとなつたのである。そして、これと同時に、笹踊り歌のはやし言葉が廃されたのではないか。大宮にはやし言葉がないことからすれば、大宮に伝はつた頃にはやし言葉が廃されてをり、同時に、大宮にスズメが存在することからすれば、その頃の橋向の笹踊りにはスズメと思しき青年がゐたのである。あるいは、スズメと思しき青年の記憶が残つてゐたのである。

　以上のやうなことがあれば、橋向の笹踊りの踊りとはやし言葉の特異さ、そして橋向と大宮の笹踊り歌の旋律の相似と、大宮の笹踊りがはやし言葉を持たないことの説明になるのではないかと思ふ。あくまで妄想である。いかがであらう。

岡崎市の笹踊り

　岡崎に笹踊りがあるとは初耳だと言はれる方が多いかもしれない。実際、ここでいふ岡崎市は先の町村合併後の岡崎市である。旧岡崎市ではなく新岡崎市、旧額田郡額田町を合併した岡崎市である。その旧額田町石原、合併後は岡崎市石原町である。ここの石座神社に笹踊りがある。

20
お練りの道中
平成24年

20 石座神社（岡崎市石原町字宮ノ入）

　岡崎市石原町の石座神社の笹踊りは東三河地方以外に伝はる唯一の笹踊りである。私は吉田神社タイプの笹踊りは東三河にしかないと思つてゐたから、石原の笹踊りを知つた時には実に驚いたものである。いや、それ以前に、その場所が全く分からなかつた。額田町の正確な位置を知らなかつたのである。

　旧額田町石原は「男川の最上流域に位置する。」（『角川日本地名大辞典』23愛知県144頁）旧額田「町の東部、東は南設楽郡作手村、北は千万町、南は河原・中金・宝飯郡一宮町に接する。」（同1981頁）これを私の感覚で言ひ直せばこんな感じである。県道334号線を豊川市の上千両を通つて北上し、県道37号線に出たら右折、5分ほどで宮崎小学校、更にそこから車で5分ほどで石座神社に着く。また、小学校前の県道をそのまま行くと5分ほどで闇苅渓谷、そこから山を越えれば作手村である。岡崎市内からも近いのであらうが、東三河の豊川市や現在は新城市の作手村からもまた近いのである。実際、石原を含む旧宮崎村にとつて豊川市は通婚圏、通勤圏であつたし、今でもさうであるらしい。歴史的には宝飯郡に含められたこともあつたらしく（『愛知県の地名　日本歴史地名大系23』733頁）、西三河の旧額田町、現岡崎市に属するとはいへ、東三河との関はりが結構強いのである。

　佐野知堯『三河國二葉松』（元文5年〔1740〕跋、明治42年三陽堂版による）を見ると、先の大宮の石座神社は出てくるが、石原の石座神社は出てこない。小さいか新しいか、いづ

れかであらう。また、「三河国額田郡誌」(大正13)は次のやうに記す。

> 宮崎村大字石原に在り、南設楽郡大宮村式内神社の分座なりと云ふ毎年九月廿八日例祭には必ず荘厳なる神輿渡御式あり、又神的の神事を行ひ此金的命中するまで神輿還御せられず。(「三河国額田郡誌」361頁)

ここで伝聞で記されてゐるやうに、石原の石座神社は大宮から分祀されたと言はれてゐるものの、それを証する資料等は残つてゐないらしい。諸書には創建年不詳とある。ただ、石座神社といふのはそんなにある社名ではなく、試みにインターネットで検索してみると、京都の石座神社と大宮が初めの方に出てくる。石原はほとんどない。秦野市にもあるらしいが詳細不明である。それ以外は出てこないのかどうか。石座神社がこれ以外に存在しないなどといふことはありえないと思ふが、この結果は、それだけこの名の神社が少ないことを示してゐるのであらう。そして、先に記した石原と東三河との距離、作手経由で行けば新城はそんなの遠くないのである。確証はないものの、現在も、このやうな事情もあつてか、石原の石座神社は大宮から分祀されたと考へられてゐる。

　「三河国額田郡誌」の祭礼に関する記述は極めて簡略である。祭礼日は旧9月28日、祇園祭であつた(「新編岡崎市史」額田資料編3民俗61頁)らしい。これ以外の記述は概ね現在に同じと言へる。「荘厳なる神輿渡御式」も「神的の神事」も、そしてその金的命中の件も現在同様である。しかし、ここに笹踊りに関する記述はない。いや、「神輿渡御式」、お練りの行列の具体的な記述がない。笹踊りだけでなく、現在、祭典部のお囃子と言はれてゐる、青年による大太鼓1、小太鼓2、そして笛のお囃子もここには出てゐないのである。従つて、この「三河国額田郡誌」刊行時点の大正13年に笹踊りや青年のお囃子が行はれてゐたかどうかは私には分からない。

　現在の神輿渡御(お練りの行列)は、本祭り神事終了後の午前9時過ぎに神社出発である。様々な幟旗等の後にトラックに載つた神輿が続く。笹踊りはこのあたりになるらしい。神輿の前や後ろのあたりを行く。行列のほぼ最後尾である。最後尾は祭典部の青年のお囃子である。道中でも各所で奏されるから遅れる。笹踊りはかなり離れてこのお囃子の前、行列の最後尾あたりに位置する。ここも神輿付き笹踊りであるらしい。「新編岡崎市史」額田資料編3民俗63頁によれば、笹踊りは19、榊持ちに続き、その後に21、鉾や22、笠鉾、23、正社守、24、神輿と続く。最後尾に近い位置である。ただ、笹踊りは道中で加はつてくる子供達を迎へたりするために、音頭取りの大人も太鼓の子供達も適宜動いてゐるから、常にこの位置にゐるとは言へない。ほぼ最後尾といふあたりである。

　一行は途中、矢場のある石原農村公園等で休憩しながら御旅所の宮崎小学校に向かふ。「宮崎小学校は稲荷山の麓に位置し、学校が建設される以前から稲荷山の麓が神輿渡御先

であつた。(中略)以前は、校内に入ることが許されず、小学校を通り過ぎた辺りに神輿休め場所を設けてゐた。現在でも幟が立てられてゐる。」(「新編岡崎市史」額田資料編3民俗63頁)小学校の裏山に稲荷明神があるために、運動場が御旅所になつてゐるのであるらしい。御旅所での神事終了後に餅投げがあり、その後に帰路につく。やや長い休憩である。

　帰路はまづ矢場を目指す。石原農村公園である。ここでの神事もあるが、基本的には昼食と休憩である。さうかうしてゐるうちに矢場で金的が上がる。ここで晴れて帰還である。「三河国額田郡誌」にあるやうに、石原では金的が上がらないことには帰れないのである。奉仕してゐる人々はそれまでゆつくり休憩するしかない。だから、私は帰参までゐたことがない。公園に着いたら、しばらくは矢場をのぞいたりしてはゐるものの、結局は待ちきれずに帰つてしまふ。一体、何時に出発できるのやらである。ただし、前掲「新編岡崎市史」額田資料編3民俗63頁には14時40分農村公園出発、15時還御とある。

　ここの笹踊り、話には聞いてゐたのだが、初めて見た時には驚いた。踊りはない、歌だけだと現地でも言はれた。実際にさうだと知つた時は、こんな笹踊りもあるのだと思つたものである。それは次のやうなものであつた。これが吉田神社タイプの、いや東三河の笹踊りと言へるのかどうか。

　太鼓は大太鼓と小太鼓各1、この2人は石原の相野地区の嫡男男子が勤めることになつてゐた(同64頁)。現在は少子化で必ずしもさうではなくなつてゐる。服装は私服、衣裳なし。必ずしも法被を着るわけではない。顔は隠さない、白く塗らない。太鼓を含めて子供は小笹を持つ。それゆゑに稚児笹といふ(同前)。子供達も衣裳なしである。太鼓は、大太鼓が笹踊りとしては異質で、「その形が肥桶に似てゐる所から俗に、『ションボケ太鼓』と呼ばれてゐる」(倉光設人「三河の笹踊」中本文篇笹踊の太鼓12頁)類の太鼓である。

　笹踊り歌はこの子供達と大人の音頭取り(特に呼称なし)によつて歌はれる。大人が一節歌ふと子供の太鼓が打ち鳴らされ、同時に子供達が「チヨニヤ、チヨニヤー(千代に八千代にや)」と囃す。このはやし言葉ゆゑに稚児笹の子供達をチヨニヤとも言ふ(「新編岡崎市史」額田資料編3民俗64頁)。子供達は神社から御旅所たる宮崎小学校までの道中で順次加はる。稚児笹も、以前は相野の男児だけであつたといふ。笹踊り歌は道中で何度も繰り返されるが、歌ひ続けられるわけではない……といふやうな感じで、石原石座神社の笹踊りは道中を行く。笹踊りとはいふものの太鼓2、踊りなし、歌だけ、いかにも特異である。ただ、子供が勤めるといふ点が新城の笹踊りとの関係をうかがはせる。

　柴田晴廣「牛久保の若葉祭」はこの点に触れて次のやうに記す。結論部分だけを引く。

　上千両、大木、上長山辺りから笹踊を採り入れたのではないかと思う。御馬や三谷と異なり、上千両、大木、上長山の笹踊は、踊りより太鼓を叩くことに重点が置かれているからだ。(原文改行)また「千はやふる」「千代に八千代に」の笹踊歌の詞章は、「千早振る

千代に八千代も　竹にあかして　ねがいあげましょう」と唄われる大宮の石座神社の笹踊歌との関連が考えられる。大宮の石座神社の分社ということもあるが、岡崎―清岳線（県道三七号）を六㌔ほど東に行けば、作手の清岳（新城市作手清岳）に出られるからだ。
(333頁)

地元の方にきいても、笹踊りがいつどこから伝はつたのかは分からないと言はれる。資料もないらしい。だから、様々の事情を勘案して考へるしかない。距離的には、宝飯郡北部と石原は大宮よりも近いであらう。特に、西原と上千両の踊り手は子供である。両所の影響で笹踊りが始まつたといふことは十分の考へられよう。いづれにせよ、いつどこから笹踊りが伝はつたのかといふ点も含めて、石原は今後の検討課題である。

以下に笹踊り歌の詞章を記す。

千はやふりにし神垣　▽（掛詞・鳴物）/ 千代に八千代によろず代の　▽ / 国も豊かに民はん盛　▽ / 神も涼しめ奉る　▽ / 氏子そろえて参りやす
（「新編岡崎市史」額田資料編3民俗64頁、「/」は改行を表す。一部の詞章を、倉光前掲書133頁により、塚田が私に改めた。）

韻律は基本的に七五の繰り返しで五番まである。七五の部分を大人が歌ひ、「（掛詞・鳴物）」の部分でチョニヤチョニヤーのはやし言葉が子供達によつてはやされ、太鼓が打たれる。内容は神道的といふといささか大仰になりさうなので、全編敬神の念あふれると言つておくのがふさはしからう。使用音はFisGisAHCisの5音、ホ長調で採譜してあるから、階名読みでレミファソラである。ここにはファが含まれる。これだけでこの歌は日本の音階でできてゐないと分かる。試みに終止音のFisをホ長調の主音Eに置き換えてみると、その終止感は紛れもない。ここではすべて終止音Fisの不完全終止であるが、その使用音ゆゑに石原の笹踊り歌は西洋音楽の長音階、長調であると言へる。音楽的には端的である。

この笹踊り歌の採譜のポイントは太鼓である。楽譜に見られるやうに、七五三に打つとして書いてある。倉光前掲書を見ると、「石原は大七打、小五打、大三打と七五三に打つ。」（20頁）とある。石原の笹踊りに詳しい相野の梅村氾氏に太鼓の打ち方についてうかがつたところ、子供の頃に年寄りから15打てと言はれたといふ。15といふのは7+5+3の合計数である。七五三に打てと言つても子供には分からないからであらうか、このやうに合計数を言はれたのであるらしい。ただし、倉光のやうに大小大と交互に打てと言はれたのではなく、とにかく15打てと言はれたらしい。現在はこの七五三どころか、合計数の15にも全く関係なしに、子供達はチョニヤチョニヤーと囃しながら太鼓を適当に連打してゐる。それでも採譜では、かつての言ひ伝へを生かすべく、七五三に記しておいた。この点、ご了

解いただきたい。

　ちなみに、子供達が持つ小笹は、現在、単に笹踊りのための笹であるばかりでなく、矢場のある石原農村公園での昼食時の弁当と小遣ひの引換券(代はり)となってゐる。本来の役割を大きく逸脱してゐる、あるいは大きく進歩してゐるのである。笹踊りの笹といつても、ただの笹ではないのである。

採譜資料

凡例

1. 非西洋音楽である日本の＜民謡＞を五線譜に記すこと自体無理を承知で行つてゐることである。また、採譜とは、採譜者といふフィルターを通した、＜民謡＞の整理と合理化の作業に他ならない。従つて、以下の楽譜はその歌の大体を示すものでしかないと御理解願ひたい。旋律、音高、リズム、強弱等、これらのいづれもが確定的なものではない。歌ひ手により変化するし、同じ歌ひ手でもいつも同じやうに歌ふとは限らない。特に、リズムでは、八分音譜二つが三連符になつたり、付点八分音符と十六分音符になつたりするのは当然のこととされたい。

2. 速度表示は、非常に大雑把なものであるが、採譜の対象とした録音のものである。これも前項の如く、当然＜揺れ＞があるものと御理解いただきたい。

3. この楽譜は実音表記ではないし、必ずしも歌はれた原調で記してもゐない。塚田の考へで整理してまとめたものである。

4. 以下の採譜は、次の演唱者による各録音を中心に行つてある。ただし、それ以外の何年かの録音をも参考にできる地区は参考にして、最終的にまとめたものである。例祭当日の録音が基本であるが、一部で別途録音した地区もある。そのやうな事情もあり、楽譜はその時々に作つたものをほとんどそのまま使つてある。それゆゑに書式が統一されてゐない。しかも私は浄書の専門家ではない。レイアウトにもかなり苦労したと思ふが、やはりデザイナーも浄書屋ではない。お見苦しい点も多々あらうかと思ふが、御海容を乞ふ次第である。なほ、一部の神社名には地区名を付した。

演唱者

1	吉田神社	中村一男	平成29年8月12日(2017)
3	老津神社	警固(青年)	平成8年9月28日(1996)
4	牛久保八幡社	ヤンヨーガミ	平成11年4月11日(1999)
5	上千両神社	知草社(イセオンド)	平成19年4月8日(2007)
6	豊川進雄神社	柴田和彦	平成19年7月14日(2007)
		東西青年団	平成8年7月21日(1996)
7	当古進雄神社	手筒愛好会	平成18年10月21日(1999)
8	大木進雄神社	西原笹踊り保存会	平成12年7月29日(2000)
9	上長山若宮八幡神社	奈煙社	平成11年4月18日(1999)
10	上長山素盞嗚神社	(奈煙社	平成11年4月18日(1999))
11	上長山白鳥神社	(奈煙社	平成11年4月18日(1999))
12	豊津神社	豊進舎	平成9年10月19日(1997)
13	菟足神社	平井区(中学生)	平成19年4月3日(2007)
14	伊奈若宮八幡社	警固(もづの連)	平成14年4月21日(2002)
			平成20年4月20日(2008)
15	引馬神社・八幡社	笹踊り七福神踊り保存会	平成8年8月4日(1996)
			平成19年12月3日(2007)
16	八剣神社・若宮神社	三谷祭松区保存会の子供達	平成11年10月25日(1999)
17	富岡天王社	浅見計雄	平成8年7月14日(1996)
18	富永神社	桜井正	録音年月日不明(平成4年頃?)
		橋向の子供達	平成28年10月9日(2016)
19	大宮石座神社	スズメ(青年)	平成28年10月16日(2016)
20	石原石座神社	相野地区の皆さん・チョニヤ(チゴザサ)	
			平成22年10月17日(2010)

1 吉田神社笹踊り歌

吉田神社神事
笹踊歌詞
萱町
昭和34年神事係制作

演唱　中村　一男
採譜　塚田　哲史

3 老津神社笹踊り歌 －天王社祭典の歌－

演唱　老津青年
採譜　塚田　哲史

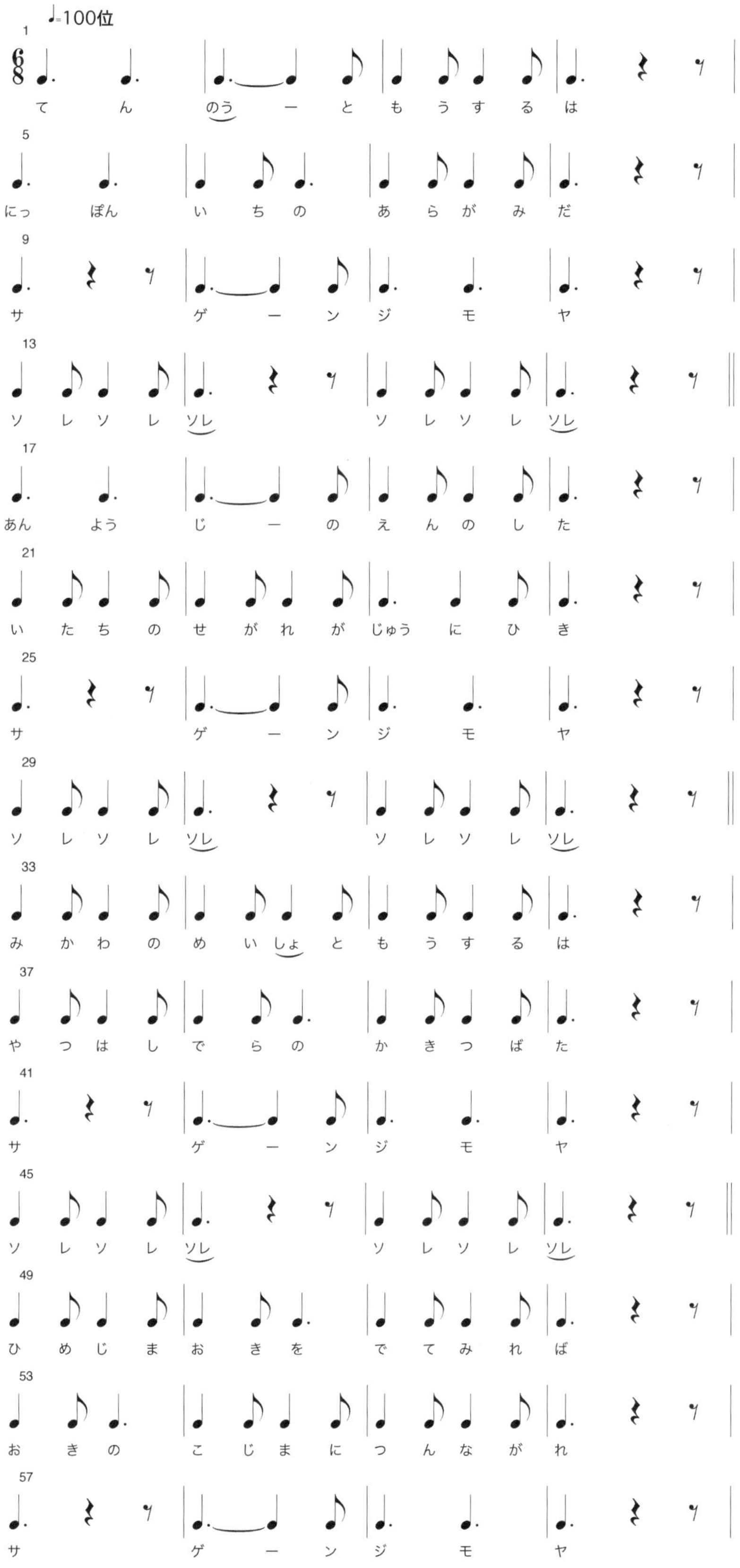

♩=100位

てんのうーともうするは

にっぽんいちのあらがみだ

サ　ゲーンジモヤ

ソレソレソレ　ソレソレソレ

あんようじーのえんのした

いたちのせがれがじゅうにひき

サ　ゲーンジモヤ

ソレソレソレ　ソレソレソレ

みかわのめいしょともうするは

やつはしでらのかきつばた

サ　ゲーンジモヤ

ソレソレソレ　ソレソレソレ

ひめじまおきをでてみれば

おきのこじまにつんながれ

サ　ゲーンジモヤ

112　COPYRIGHT©1998-2017 tetu TSUKADA

61 ソ レ ソ レ ソレ　　　　ソ レ ソ レ ソレ

65 あ ら い は し も と し お み ざ か

69 め い しょ の は な を な が む れ ば

73 サ　　　ゲ ー ン ジ モ ヤ

77 ソ レ ソ レ ソレ　　　　ソ レ ソ レ ソレ

4 若葉祭笹踊り歌

5 上千両神社笹踊り歌

6 豊川進雄神社笹踊り歌

演唱　柴田　和彦
採譜　塚田　哲史

7 当古進雄神社笹踊り歌

演唱　手筒煙火愛好会
採譜　塚田　哲史

8 大木進雄神社笹踊り歌

演唱　西原笹踊り保存会
採譜　塚田　哲史

9 上長山若宮八幡神社笹踊り歌

演唱　奈煙社
採譜　塚田　哲史

♩=76位

ゲニモサヨ　わかみやの
やはたのかみがいでまして
みはるかしますみなみには
とよがわきよきながれあり
きたにはとがのたけたかく
にしとひがしのやまあいに
ゆたかにたてるいえいえの
たみのかまどにけむりたつ
いえとこひさにまもりませいや
まもりませセー

10 上長山素盞嗚神社笹踊り歌

演唱　奈煙社
採譜　塚田　哲史

ゲニモサヨ　すさのおの
わがおおかみの　おまつりは
ふるきためしと　としごとに
つかえまつれる　ささおどり
そのわざおぎの　みやびたる
そのわざおぎの　おもしろさ
みふみにつたわる　あとしるく
わざなすかみの　まがごとを
はらいまもり　みましますよに
みましますセー

11 上長山白鳥神社笹踊り歌

演唱　奈煙社
採譜　塚田　哲史

12 豊津神社笹踊り歌

演唱　豊進社
採譜　塚田　哲史

13 菟足神社風祭踊り歌

演唱　平井区
採譜　塚田 哲史

(以下、適当に繰り返す。)

14 伊奈若宮八幡社笹踊り歌

演唱　もづの連
採譜　塚田　哲史

COPYRIGHT©2008-2017 tetu TSUKADA

御興渡御の帰り歌

15 御馬引馬神社八幡社笹踊り歌

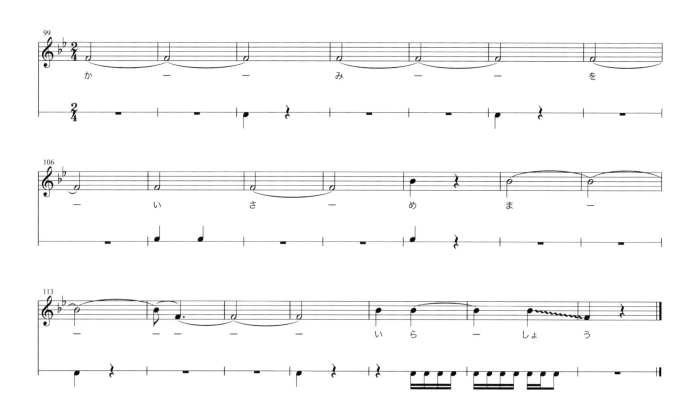

八月祭の歌 演唱 保存会 採譜 塚田 哲史

16 ささげんじの歌

ささげんじの子供達の
宮入
平成23年

17 富岡祇園祭伊勢音頭

演唱 浅見 計男
採譜 塚田 哲史

18 富永神社笹踊り歌

(参考）平成28年の祭礼で歌はれた歌、①のみ。)

演唱　橋向の子供達

笹踊り歌の子供達
道中
平成28年

19 大宮石座神社笹踊り歌

演唱　大宮青年（スズメ）
採譜　塚田　哲史

COPYRIGHT©2017-2017 tetu TSUKADA

スズメ
石座神社境内
平成26年

20 額田石原 石座神社笹踊り歌

速く、適当に（太鼓とはやし言葉は全く連動しない。
現在、太鼓に定数なし。）

速く、適当に（太鼓とはやし言葉は全く連動しない。
現在、太鼓に定数なし。）

笹踊り一覧

平成29年(2017)10月作成

地区		豊橋市			旧宝飯郡南部(豊川市)			
	祭礼名／事項	豊橋祇園祭(吉田神社例祭)	八所神社例祭(下郷の風祭)	老津神社例大祭	風祭(菟足神社例祭)	若宮八幡社例祭	御馬祇園祭	
神社		豊橋市関屋町 吉田神社／豊橋市新本町 素盞嗚神社	豊橋市大村町 八所神社	豊橋市老津町 老津神社	豊川市小坂井町 菟足神社	豊川市伊奈町 若宮八幡社	(六月祭) 豊川市御津町御馬 引馬神社	(八月祭) 豊川市御津町御馬 八幡社
祭礼日	(旧)	6月14、15日	2月8日	9月8日？8月15日？	4月9、10、11日	4月17、18日	6月14、15日	8月14、15日
	(現行)	7月第3金土日	3月最終土日	10月第1土	4月第2金土日	4月第3土日	8月第1土日	8月第1土日
地区		萱町(小太鼓)／指笠町(大太鼓)		森崎・中尾 現在は地区を問はず。	平井		西(笹踊り) 現在は東西合同。	東(七福神踊り) 現在は東西合同。
笹踊り	踊り手呼称						ヤンヨーガミ	
	年齢	年齢不問	18、19才	20歳前後以上	20歳以上、現在は中学生	20歳前後、現在は小学校5年生、6年生	数~年17~25歳、現在は高校生	
	衣裳(現行)	金地の笠(大太鼓)、中高の金地塗り笠(小太鼓)に太い赤の紐飾り、袖に黒と白の飾り付き朱地に菊花の上衣、赤の裁付袴	赤の太い紐飾り付き陣笠、袖に黒と白の飾り付き朱地に菊花の上衣(小太鼓のみ)朱の上衣、裁付袴	菅笠風塗り笠(大太鼓)、中高塗り笠(小太鼓)に太い赤の紐飾り、袖に白の飾り付き紫紺の上衣、赤の裁付袴	赤の紐飾りに幣を垂らした三度笠、袖に黒の飾り付き赤の上衣、黒字に六角星の裁付袴	赤布を巡らせた塗り笠、袖に白の飾り付き赤の上衣、緑地の陣羽織、紺地の裁付袴	ゴヘー(白細紙)を全面につけ、赤布を巡らせた笠、朱地の陣羽織、紫紺の裁付袴	
	赤布	マエダレ(前垂れ)		オメン(お面)	サンカクキン(三角巾)		カサマク(笠幕)	
笹踊り歌	音階	民謡音階	(不明、旋律は失はれたか)	(旋律なし、リズムのみ)	律音階	律音階	律音階	律音階
	詞章韻律	不定、非定型	短歌(五七五七七)繰り返し	不定、非定型	不定、非定型	七五音	不定、非定型	長歌(七五繰り返し)
	主なるはやし言葉	サーゲニモサヨ ヤンヨーガミヲヤンヨヨ	サーゲニモサーヨ ヤンヨーガミヲヤンヨー	ゲーンジモセ サーゲニモ	ヤンヨーガミモソン ヨーソヨロ	サーマーシマセ	ヤンヨーガミモヤンヨーヨ	(なし)
	作者	(不明)	(不明)	(不明)	(不明)	川出直吉作詞	(不明)	草鹿砥宣隆作詞
	歌ひ手呼称	(不明)	警固？	ケーゴ(警護)	ヤンヨーガミ、サワギテ(さわぎ手)	ケーゴ シュウ(警固衆)、もずの連	シューセンカタ(周旋方)	シューセンカタ(周旋方)
	タイプ	旧	新？	新	旧	新	旧	新旧折衷
笹踊り	振り・所作概要	(小太鼓外側から、大太鼓右手から打ち始め)小太鼓六打しつつ前進、小太鼓腰を下げ門口で大太鼓一打、小太鼓六打しつつ前進、大太鼓一打して腰を下げ大太鼓の間を跳んで抜ける(A)。小太鼓三打して腰を下げ大太鼓一打。反転、3人前進。	(小太鼓前に出て基本隊形になる。両手で打ち始め)大太鼓右手から打ち始め、大太鼓七打しつつ前進、三打前進。この間両手で二打。以上を(3回省略ありで)繰り返し3回。	(小太鼓二打前に出て、大太鼓右手から打ち始め)大太鼓二打、四打目向き合ふ。腰を下ろして左右に向きつつ、六打、四打。腰を下ろして頭上で撥を回す。以上を3回繰り返す。	拝礼(前傾後傾)三度。跳躍前進(右手から打ち始め)しつつ小太鼓左右位置替へ(A)。小太鼓左右斜めに2回づつ後退し前進する。小太鼓の間を大太鼓(歩いて？)抜ける(B)。以下、以上を3回繰り返す。	道中から打ち始め(大太鼓撥を下げた位置から右左一打)。大太鼓右手一打。三歩前進(左右)。三歩前進。止まって二打。3人離れる。以下、この繰り返し3回。拝殿前3周が終はるまで、所定の位置で小太鼓の位置替へを行ひつつ、以上を繰り返し。	大太鼓二打、小太鼓九打。反時計回りに三歩進んで止まって二打、一打、小太鼓九打、大太鼓一打。小太鼓十打、大太鼓一打。	(六月祭三ツ星)(大太鼓右手から打ち始め)大太鼓右手一打、小太鼓三打。大太鼓片脚出す(左右)。大太鼓右手一打。三歩近づく。止まって一打。大太鼓片脚出して離れる(左右)。以上を3回繰り返し。	(八月祭三ツ星)(大太鼓右手から打ち始め)大太鼓連打。右手一打、3回目片足跳びで三打。大太鼓撥を持つ手を太鼓の上で回す。大太鼓連打。片足跳びで近づいて大太鼓、小太鼓の間を抜ける(B)。以上をほぼ2回繰り返す。大太鼓連打。大太鼓右手一打、更に大太鼓右左一打、3回目小太鼓両手で二打、4回目大太鼓右左一打、3回目小太鼓両手で二打、1回目2回目大太鼓の手を上げて離れる。以上、以下6回繰り返し。大太鼓外側の手を上げて離れる。
	タイプ	中央	中央	中央	西	西	西	北豊川
備考		小学生の踊りあり。笹持ちなし。笹踊り歌歌はず。	笹踊り歌はず。		笹踊り歌はず。	「佐々踊り」と表記する。	笹踊り歌と踊りの振りの一致。	

笹踊り歌新タイプの条件
　1、明治以降伝来の伝承も持つ。2、詞章の内容が神道的、あるいは敬神の念を持つ。3、韻律は定型律中心。4、音楽的には<自然発生的>ではなく<人為的>。
笹踊りの所作・振り(A)小太鼓の左右位置替へ。　(B)大太鼓が(跳んで、歩いて、走って)小太鼓の間を抜ける。　(C)(何らかの)跳躍
　(D)交互に片足を上げて反時計回りに動く。　(E)前傾　(F)(後傾しつつ)片手を交互に頭上に上げる。

笹踊りの(ごく大雑把な)タイプ　中央(吉田神社)A+B　西A　北豊川B+D　北新城B+EF

地区	蒲郡市	豊川市			旧宝飯郡一宮町上長山(豊川市)		
事項＼祭礼名	三谷祭	若葉祭(うなごうじ祭)	豊川夏祭り(豊川進雄神社例大祭)	当古素盞嗚神社例祭	白鳥神社例祭	素盞嗚神社例祭	若宮八幡神社例祭
神社	蒲郡市三谷町 八剱神社 若宮神社	豊川市牛久保町 牛久保八幡社 豊川市千歳通 天王社	豊川市豊川西町 豊川進雄神社 豊川市豊川町 稲田神社	豊川市当古町 当古素盞嗚神社	豊川市上長山町 白鳥神社	豊川市上長山町 素盞嗚神社	豊川市上長山町 若宮八幡神社
祭礼日 (旧)	9月8、9日	4月8日	6月19、20日	7月14、15日	9月15日	6月25日	8月15日
祭礼日 (現行)	10月第4土日	4月8日に近い土日	7月20日に近い金土日	10月第3土日	10月第2土日	4月第1土日	4月第3土日
地区	松区	笹若組	東西(隔年で2、1)				
笹踊り 踊り手呼称 年齢	15歳〜20歳	15歳〜27歳	18〜31才、若い者が多い。	15歳〜25歳、未婚	若連新加入者(17歳)	高等小学校生(現在)中学二年生	高等小学校卒(現在)中学三年生
衣裳(現行)	天辺に幣、太い赤の紐飾り付き、赤布を巡らせた中高塗り笠、袖に赤飾り付きの金地(大太鼓)と朱地、緑地(小太鼓)の短めの上衣、袴なし	陣笠風塗り笠に赤白の紐飾り、朱地に菊花様の陣羽織、細身の袴	金地に牡丹模様の中高笠、袖に黒飾り付き紺地(宵祭り)、朱地(本祭り)の上衣、金地に唐草の裁付袴	赤の飾り紐付き金地中高笠、金地に亀甲文の陣羽織、水色地に小紋の裁付袴	花串を刺した銀地中高笠、朱地に麻の葉の上衣、裁付袴	緋の飾り紐つき折編み笠、笹の葉に紺地の上衣、裁付袴	折編み笠、紺地に菊花の上衣、裁付袴
	赤布 マク(幕)	マスク	ズキン(頭巾)				マエダレ(前垂れ)
笹踊り歌 音階	(ささげんじの歌)民謡音階	都節音階?	律音階	基本は四度音程2音(日本の音階)	(旋律なし、リズムのみ)	(旋律なし、リズムのみ)	(旋律なし、リズムのみ)
詞章	七五音中心	不定、非定型	不定、非定型		七五音	七五音	七五音
主なるはやし言葉	サーゲンジモサー	サーゲニモサーヤンヨーガミモヤンヨー	ゲーニモサヨサヨ	ソワゲニモヨ	ゲーニモサーヨー	ゲーニモサーヨー	ゲーニモサーヨー
作者	(不明)	(不明)	(不明)	(不明)	山本秀蔵または山本貞蔵?	山本秀蔵または山本貞蔵?	山本秀蔵または山本貞蔵?
歌ひ手呼称	(歌出し〔小学校6年生〕)	ヤンヨーガミ		ケーゴ(警固)	奈煙社	奈煙社	奈煙社
タイプ	旧	旧	旧	旧	新	新	新
笹踊り 振り・所作概要	(大太鼓右手から打ち始め)両手で一打、進む。3人、反時計回りに3歩(?)進んで左側後方の角を越えて出発地点に近づくと、3人中央に集まった後、後傾、前傾(E)、大太鼓の小太鼓が位置を替へ(グダル、潜る)(A+B)以上を繰り返しグルグルこと5回。3人集まる。大太鼓が拝殿に向かって左側に3歩で出て、小太鼓両手で打ち始め、反時計回りに3歩、進む。以上繰り返し。	3人跳躍、小太鼓腰を下げて前後に立ち上がり、3人、腰、足を左から上げ動き(D)、小太鼓小太鼓内側の手で一打。大太鼓小太鼓外側の手で一打。以下、小太鼓右左と五打。この間、大太鼓両手で一打。	(道中から、先頭大太鼓で西大山前に来ると同じく。小太鼓腰を下げて前後に大きく回す。3人、腰、足を交互に同じく。向きを変えて同じく。(五回)5回目に3歩跳躍後退。(この所作二回)小太鼓跳躍(前進)。3人、腰、足を大きく上げて下げ、首を回す。(五回)5回目に3歩跳躍後退。(二回)2回目に3歩跳躍。	道中から、先頭大太鼓で西大山前に来ると同じ。小太鼓腰を下げて前後に大きく回す。3人、腰、足を交互に同じく。(五回)5回目に3歩跳躍。大太鼓右足を上げ、続いて2歩軽く後ろに跳躍(前進)。3人、腰、足を大きく上げて下げ、首を回す。以上を繰り返す。最後に小太鼓の間を歩いて抜ける(B)。3人、腰、足を大きく振って小太鼓の間を歩いて抜ける(A)。最後に小小太鼓の間は向きをあはせて移動する。大太鼓はとれにあはせて移動する。	(大太鼓右手、小太鼓外側から打ち始め)一打、小太鼓内向き、三打。止まって両手で三打。右足を出し、右手を大きく回す。向きを変えて縁打ち一打。後退外側から三打。小太鼓、前進外側から三打、前進内側から一打、太鼓を交互に頭上に上げる(F)。小太鼓、右足を出して左右の位置替へ(A)。計3回。 一打、小太鼓内向き、縁打ち一打。 (大太鼓右手、小太鼓外側から打ち始め)一打後、太鼓を小脇に抱へて、小太鼓、前進外側から三打、小太鼓、後退外側から三打、縁打ち一打。小太鼓、前進内側から三打、前進外側から三打、縁打ち一打。太鼓を交互に頭上に上げる(F)。小太鼓前向き、縁打ち一打。	(大太鼓右手、小太鼓外側から打ち始め)3人、一打、小太鼓前進、三打後退、縁打ち一打。ここまでの所作を、以下、所作の区切り毎に繰り返す。(参道鳥居)(B?)太鼓三打、大太鼓前進、小太鼓後退。太鼓三打、大太鼓後退、小太鼓前進。太鼓を抱へて右と打つ。(F)太鼓六打、大太鼓歩いて抜ける(B)。縁打ち一打。 以上の所作を繰り返し元の隊形に戻る。	(小太鼓外側から打ち始め)3人、一打、小太鼓前進、三打後退、縁打ち一打。小太鼓向き合う。太鼓を抱へて右と打つ。(F)太鼓六打、小太鼓歩いて抜ける(B)、軽く前傾。3人三打、軽く前傾。 五打。 四打。 三打。 以上、再び道中。 (拝殿前)(参道鳥居に同じ。)五打。	(右手から打ち始め)拝殿前、道中出発。3人道中はこの前進、五打、三打。 五打は小走り。 (参道鳥居)四打、三打、3人後退。 太鼓三打、3人前進。 道中はこの前進、大太鼓四打、五打、三打、3人前進。
タイプ	西'(中央西折衷?)	北豊川	北豊川	中央	北新城	北新城	北豊川? 北新城?
備考	「くぐり太鼓」と呼称す。小学4年、5年の踊りあり。笹持ち、子供多数。踊りと歌は本来別?		笹踊りを隠す。宵祭りに笹持ち数人。	平成29年現在休止中	奈煙社によるオトリモチあり。		

地区	豊川市		旧宝飯郡一宮町(豊川市)	新城市			旧額田郡額田町(岡崎市)
祭礼名 / 事項	上千両神社例祭	豊津神社例祭	進雄神社例祭	富永神社大祭	石座神社例祭	富岡祇園祭	石座神社大祭(祇園祭)
神社	豊川市上千両町 上千両神社	豊川市豊津町 豊津神社	豊川市大木町 進雄神社	新城市 富永神社	新城市大宮 石座神社	新城市富岡 富岡天王社	岡崎市石原町 石座神社
祭礼日 (旧)	6月14、15日	10月14、15日	6月15日	8月15日	9月二の午	6月15日	9月28日
(現行)	4月第2土日	10月第3土日	4月第2土日	10月第2土日	10月第2土日	7月第2土日	10月第3土日
地区			西原	橋向	大宮	半原	相野
笹踊り 踊り手呼称						ミツダイコ(三つ太鼓)	
年齢	9歳〜14歳、長男。	青年(18歳以上の社会人。28歳まで?)	小学校高学年	中学校2年生	小学校1年生	小学校6年生	小学生、本家を継ぐ相野の嫡男、現在は地区等を問はず。
衣裳(現行)	天辺に赤の飾り紐付き赤布(緋もみのタレ)を巡らせた中高塗り笠、腕に朱の飾り付き紺の上衣、裁付袴	赤の紐飾り付き黒字に金の中高笠、腕に黒の飾り付き朱の上衣、赤の裁付袴	金地の飾り紐つき中高塗り笠、本祭りには赤布を垂らす。腕に朱の飾り付き紺の上衣、裁付袴	中高塗り笠、腕に黒の飾りつき朱地の上衣、赤の裁付袴	金地の花笠、白緑の襷、赤の上衣、薄紫の裁付袴	中高塗り笠、薄茶地の上衣、紺地に青海波の裁付袴	なし、私服。
赤布	タレ、白塗り。	(本祭り)		なし、白塗り。	なし、白塗り。	なし、白塗り。	なし。
笹踊り歌 音階	民謡音階?	五度音程2音	律音階	民謡音階	二度音程2音(エンゲメロディー)	(笹踊り歌)基本は四度音程2音(日本の音階)(伊勢音頭)都節音階、一部律音階	長音階(長調)
詞章	不定、非定型	七五音	不定、非定型	不定、非定型	不定、非定型	不定、非定型	七五音
主なるはやし言葉	サゲニモサー ヤンヨーガミモヤンヨーヤヨ	(「ヤンヨヤンヨ」現在はなし。)ワッショイワッショイ	ヤンヨーガミモヤヨヤンヨサーゲ	コラサンサ	(なし)	エンヨーガミサンヨーガミ	チヨニヤチヨニヤー
作者	(不明)	(不明)	(不明)	(不明)	(不明)	(不明)	(不明)
歌ひ手呼称	イセオンド(伊勢音頭)	ケーゴ(警固)、豊進舎、知草社			スズメ(雀)		(大人音頭取り)なし。(稚児笹)チヨニヤ
タイプ	旧	新	旧	旧	新?	旧?	新
笹踊り 振り・所作概要	(右手から打ち始め)3人片足を上げつつ打ちしながら、3人片足を上げて太鼓に片足を上げつつ(D)三打。以下、以上を繰り返し、イセオンドが歌ひ終はるまで。	(小太鼓両手、大太鼓から見て左側は前向き、右側は後ろ向きになる。一歩下がる。小太鼓三打しつつ左右位置替へ(A)。道中から大太鼓右左と打ち続けて離れた後)3人腰を下ろし、小太鼓、足踏みをするやうに交互に打ち始め、右手の撥を頭上に上げる。小太鼓、前	大太鼓の向きを変へる。7打目に跳躍(C)、両手を挙げる。太鼓を打ちつつ小太鼓の間を走り抜ける(B)。以上近づいて移動し、以上を繰り返す。	(右手から打ち始め)3人、大太鼓右手から打ち始め、大太鼓、小太鼓、足踏みをするやうに交互に打ち始め(D)太鼓を七打。一歩下がる。小太鼓七打。大太鼓七打目で3人前に頭上に上げる。抜ける前に一打、抜ける時に一打。以下、以上を4回繰り返す。	六打目、軽く前傾(E)3打、七打、三打。以下繰り返し。3人で打つ。途中で小太鼓大太鼓の順に縦隊になり、また元の隊形に戻る。大太鼓のみで打つ。3人で打つ。抜ける前に頭上に上げる(B)。3人で打つ。七打目で3人前傾(E)。小太鼓の間を大太鼓歩いて抜ける(B)。以下、以上を計3回繰り返す。最初に戻ってとのまま前向きに。	(右手から打ち始め)3人向き合って6打。3人、二打、七打、三打。以下、以上を計2回繰り返す。3回目、大太鼓の上に載せて前傾(E)。3回目、大太鼓後傾、両手を交互に頭上に上げる(F)。	(右手から打ち始め)3人二打、五打(二返)。3回目、大太鼓後ろ向きになって大太鼓と向き合ふ。3人、二打、五打(三返)。3回目、大太鼓後傾、両手を交互に頭上に上げる(F)。	(踊りなし。)
タイプ	北豊川	中央	北豊川	北新城		北新城	北新城
備考	イセオンドが小笹を持ち、踊り手を隠す。		笹持ち1名、踊り手以外は小笹を持つ。			笹踊り歌歌はず。	笹持ち(稚児笹)多数。

(参考)隠れ太鼓一覧

平成25年(2013)8月修正

事項＼祭礼名	若葉祭(うなごうじ祭)		風祭	豊川夏祭		(参考)牛頭天王社祭礼
神社	牛久保町 八幡社 天王社 (本来は下長山町の熊野神社)		小坂井町 菟足神社	豊川西町 豊川進雄神社 稲田神社(元宮)		牛頭天王社(城内の天王様、現吉田神社) 御輿休天王社(横町の天王様、現新本町素盞嗚神社)
祭礼日	旧4月7日8日 (現行)4月8日に近い日曜日とその前日		旧4月9日10日11日 (現行)4月第二金土日	旧6月19日20日 (現行)7月20日に近い金土日		旧6月14日15日 (吉田神社祇園祭)7月第三金土日
地区	上若組	西若組	小坂井	宿	全域(東・西)	
山車・人形	1輌(恵比須、宵祭は会所内。)	1輌(大黒、大山車二層部分内に据置、屋根に上げず。宵祭は会所内。)	1輌(高砂の姥尉、宵祭は会所内。)	1輌(高砂の姥尉、宵祭は会所内。)	東1輌(楠木正成、宵祭は提灯笹竹。) ＊西1輌(赤鬼と源頼光、宵祭は二層部分に提灯笹竹。)	上伝馬1輌 (14日)提灯で「天」の字 札木1輌 (14日)提灯で「王」の字
曲名	(隠れ太鼓) 衣裳替え	(隠れ太鼓) ※衣裳替え(現在演奏せず。)	稚児 獅子	稚児 獅子 曲尺手(カネンテ)	下がり葉 車切り(シャギリ) 津島 稚児の合掌	児の舞(稚児?) 獅子舞(獅子?)
音階	(隠れ太鼓) 民謡音階→律音階(一部呂音階)→民謡音階 衣裳替え 都節音階(一部民謡音階)	(隠れ太鼓) 民謡音階→律音階(一部呂音階)→民謡音階	稚児 民謡音階→律音階→民謡音階 獅子 民謡音階→呂音階→民謡音階	稚児 民謡音階→呂音階→民謡音階 獅子 民謡音階 曲尺手 律音階	下がり葉 民謡音階 車切り 民謡音階 津島 民謡音階 稚児の合掌 民謡音階	
演奏単位?	一流れ(繰り返しを省略せずに奏する。) 半流れ(繰り返し省略で奏する。練習時。)	一流れ(繰り返しを省略せずに奏する。) 半流れ(繰り返し省略で奏する。練習時。)	本流れ(「稚児」を、繰り返しを省略せずに奏する。練習時は繰り返し省略が多い。)	本流れ(「稚児」を、繰り返しを省略せずに奏する。練習時は繰り返し省略が多い。)	一くさり(「稚児の合掌」以外の隠れ太鼓3曲「下がり葉」「車切り」「津島」を奏する。)	
楽器編成	笛(篠笛・七本調子) 大太鼓 小太鼓 ジャンカラ(銅拍子)	笛(篠笛・七本調子) 大太鼓 小太鼓 チャリン(銅拍子)	笛(龍笛) 大太鼓 小太鼓 小鼓 大鼓	笛(篠笛・七本調子?) 大太鼓 小太鼓 小鼓 大鼓(撥打ち)	笛(龍笛?) 大太鼓(「稚児の合掌」は使用せず。) 小太鼓 小鼓(現在は使用せず。) 大鼓(撥打ち、「稚児の合掌」のみ。)	笛 大太鼓 小太鼓 (以下不明)
演奏者呼称	大山師匠	役者	役者	役者	山役者	
大太鼓奏者(隠れ太鼓)	稚児(男児) 稚児出し	稚児(男児) 稚児出し	大太鼓	大太鼓	大太鼓	大太鼓
顔隠し赤布呼称	メン(面) ヨドカケ	フンドシ(褌)	フンドシ(褌) アカフン(赤ふん)	(呼称なし?)	ズキン(頭巾)	
稚児等			稚児(男児2名) 獅子(男児2名)	稚児(男児2名) 獅子(男児2名)	稚児(女児各5名)	稚児(2名) 獅子(2名)
唱歌(ショーガ)	以前はあり？現在なし。(唱歌と言はず？)	以前はあり？現在なし。(唱歌と言はず？)	あり。呼称なし。(唱歌と言はず。)	あり。呼称なし。(唱歌と言はず。)	あり。呼称なし。(「笛唱歌」と記された譜残るも、唱歌と言はず。実質使用せず。)	
保存会	なし。(若葉祭に於ける上若組の正式な役割ではない。組の係分担が優先される。)	なし。(若葉祭に於ける西若組の一係分担。)	あり。	あり。	(豊川夏祭に於ける豊川進雄神社から委任された一種の係分担。町内を超える。)	
備考					採譜未完了。	中山美石、山本貞晨による。

若葉祭西若組※ 「衣装替え」は平成28年に復活。
豊川夏祭※ 東大山楠木正成、西大山赤鬼と源頼光(柴田和彦氏教示、青年の頃に年寄りから聞いた由。)

まとめ

　最初に笹踊り一覧について説明しておく。初出の「試案」をとつた。一部のまちがひを訂正したりして、最初よりよくなつてゐるとは言へるが、これで完成してゐるかどうかは分からない。それをご承知のうへでご覧いただきたい。また、参考として隠れ太鼓一覧を載せた。隠れ太鼓は、吉田藩藩校時習館教授中山美石が「大太鼓をうつものの形は、凡サ、踊に類す。」(「参河吉田領風俗」(文化15)〔近藤恒次編「三河文献集成　近世編」国書刊行会本下607頁〕)と記してゐる。笹踊りと隠れ太鼓は確かに関連するのであらうが、その具体的な関はりは私には分からない。

　祭礼名は、吉田神社の祇園祭のやうに、広く通用する名称があればそれを記した。それ以外は例祭、例大祭を用ゐた。例へば富永神社や石原の石座神社はその祭礼を例大祭と称してゐる。特にさういふ名称がなければ、あるいはないと思はれれば例祭である。

　祭礼日は、かつての祭礼日と現行の祭礼日を記した。問題はかつての祭礼日である。ここでは調べられる範囲での古い祭礼日を記すことを基本にした。大雑把に言へば旧暦でいつかといふことである。これを調べるため明治、大正期刊行の郡誌を見たりした。ただ、すべてがかういふ書で分かるわけではないので、現行になる前の月日を記した地区もある。

　笹踊りの踊り手の呼称は分からない、ないと言はれた地区が多い。現時点ではほとんど空欄である。踊り手の年齢は現行のと、それ以前のが分かればその両方を記した。衣裳はごく大雑把である。大体の特徴が分かる(かもしれない)程度に記した。顔を隠す赤い布は、以前、一覧を作つた隠れ太鼓でもつけてゐた。笹踊りと同じ名称もあるが、これも分からない、ないと言はれた地区が多い。従つて空欄も多い。

　笹踊り歌の音階は、当然のことながら、私の採譜による。極端な話、他の採譜者だと音階が変はることもありえよう。詞章の韻律は、各地区で触れた如く、例へば七五調といふ類である。定型律が多い。実際にはそんなに単純にはいかない。はやし言葉は主なものを挙げたが、実際にはここに挙げたのがすべてといふ地区が多い。作者名は分からないところが多い。分かれば記した。

　タイプは新旧である。笹踊り歌の新旧タイプを、私は以下のやうに考へる。

新タイプ
- 明治以降に伝はつたとの伝承を持つ。
- 詞章は一まとまりで、神道的、あるいは敬神の念を持つ内容である。
- 音楽的には、人為的であつて自然発生的ではない。そこに＜作為＞を感じさせる。例へば1番、2番……

旧タイプ(新タイプの反対)
- 遅くとも幕末以前成立の伝承を持つ。
- 詞章は短章の集まりで韻律不定、長短さまざま、内容的にもばらばら。

・音楽的には自然発生的であつて人為的ではない。

音楽的、つまり笹踊り歌の歌としての特徴といふのであらうか、新タイプは1番、2番……となつたりしてゐる。これは全体で一まとまりの内容を持つがゆゑであり、また短章に収まらない所以でもあらう。旋律も1音だけ、つまりリズムだけで旋律なしになつたり、2音だけでできてゐたりする。単純と言へば単純なのだが、それが詞章との落差を生む。そこに私は何らかの〈作為〉を感じてしまふのである。

実はこの新旧タイプを考へたのはかなり前である。その頃、私は吉田神社の笹踊り歌を知らなかつた。ところが、前述のやうに、最近になつてそれを知ることができた。その歌は、ある意味、私の想像に近いものであつた。それはかなり単純な旋律でできてゐる。リズムだけとは言はないまでも、ほとんどエンゲメロディーであつた。これを踏まへて考へた時、リズムだけの歌を人為的といふのはまちがひではないかと思ふやうになつた。

例へば老津は吉田神社直系である。吉田神社の笹踊り歌が伝はつたらしきことは詞章からも分かる。詞章と同時に旋律も、たぶん、伝はつたのである。その変形としてリズムだけの老津の歌があるのではないか。はやし言葉を除けば、吉田神社の笹踊り歌はほとんど1音の歌に聞こえる。それを老津が写したのである。だから、人為的といふよりは、単に真似した結果であるといふ方が正しいのではないかと思ふ。

これを逆に言へば、吉田天王社の笹踊り歌ももともとは1音の、つまり同じ音高のリズムだけの歌であつたのではないか。そこに、いつの頃からか、ごく限られた場所で二度下がる音が使はれるやうになつたのではないか。それが中村一男氏の歌つてくれた歌である。旧タイプの笹踊り歌に同じ音高の連なりが見られるのは、吉田神社の笹踊り歌の影響、反映なのではないか、最近かう思ふやうになつた。いかがであらう。

これは上長山三社にも言へる。上長山は新城の富永神社、橋向から伝はつた。その時の橋向の旋律は、私が妄想したやうに、エンゲメロディーではなかつたか。それを上長山では老津同様に写したのだが、結果としてリズムだけの歌になつた。かういふことではないか。従つて、ここにも〈作為〉はないと思ふ。

ところが、1番、2番……と同じ韻律で同じ旋律を繰り返す形の歌は人為的と言へる。私達が普通に接してゐる歌は皆このタイプである。それには作詞者、作曲者がゐて、ある標題の下にある内容を歌ふ、さういふ歌である。〈作為〉でできてゐる。作られた歌である。笹踊り歌にもさういふのがある。これこそが典型的な新タイプであらう。旋律の分からない大村も、たぶん、このタイプに入る。

笹踊り歌新タイプは、単純に明治以降伝来の伝承有りで決めることはできるのだが、音楽的にはその〈作為〉が特徴と言へる。ただし、〈作為〉がなければならないわけではない。老津の笹踊り歌は、吉田神社伝来の不定形の短章の集まりと言へる。以上のやうなわ

けで、結局、笹踊り歌新タイプに関してその定義を変へる必要はないが、その音楽的、旋律の面では考へを改める必要があるといふことになつたのである。

　旧タイプでは、様々な内容の短章の詞章を適当に、順不同に歌ふ。吉田天王社では、そんな中で即興的に生まれた詞章もあるのではないかと思つたりする。同じ韻律の詞章は同じ旋律で歌へるし、極端な話、どんな韻律の詞章でも、単音やエンゲメロディーならば、歌へないことはないのである。

　笹踊り歌の歌ひ手の名称も、ないとか分からないといふ地区が多い。

　笹踊りの振りはごく大雑把なものである。これは実際に見ていただくのが一番である。それでも、私の考へでポイントになりさうな所作を、次の記号で表中に示した。

（A）小太鼓の左右位置替へ。
（B）大太鼓が小太鼓の間を抜ける。
（C）（何らかの）跳躍
（D）交互に片足を上げて（反時計回りに）動く。
（E）前傾
（F）（後傾しつつ）片手を交互に頭上に上げる。

この一覧から、（A）（B）に地域性が出ているのが見て取れる。吉田神社（A）（B）を中心に、豊橋から西に行くと（A）、豊川、新城方面、ごく大雑把に、豊橋から見て北に行くと（B）になつてゐる。そこに（D）（E）（F）を加へると豊川と新城が分かれる。

　以上の笹踊りの歌と踊りをタイプ別にまとめる。一覧の順序に従ふ。

笹踊り

中央豊橋　　吉田神社・大村・老津・当古・豊津

西　　　　　平井・伊奈・御馬（六月祭）（・三谷）

北豊川　　　御馬（八月祭）・牛久保・豊川・西原・上千両（・上長山若宮）

北新城　　　上長山白鳥・上長山素盞嗚・橋向・大宮・富岡（・上長山若宮）

笹踊り歌

新　　大村・老津・伊奈・上長山三社・豊津・大宮・石原（・御馬〔八月祭〕）

旧　　吉田神社・平井・御馬（六月祭）・三谷・牛久保・豊川・当古・上千両・
　　　西原・橋向・富岡（・御馬〔八月祭〕）

　笹踊り中央タイプのうち、大村、老津、当古は吉田天王社から伝はつたといふ伝承を持

つ。その当古から伝はつたといふ伝承も持つのが豊津である。豊川方面でもこの二社の踊りは他と違ふ。

　笹踊り西タイプは豊橋以西、三谷までである。伊奈は三谷から教へに来てゐたさうであるが、踊りの前半は明らかに平井の踊りである。これは菟足神社の川出直吉の縁による。カッコに入れた三谷は、クグルといふ所作ゆゑに、西タイプと中央タイプの折衷的な踊りと言へる。

　笹踊り北豊川タイプは、牛久保に見られる如く、腰を下げて大きく足踏みしつつ反時計回りに動く（D）、あるいはこの簡略化された所作を特徴とし、そこに吉田天王社の大太鼓が小太鼓の間を抜ける（B）所作を持つ。御馬の踊りの最初をこの（D）の所作の変形と見ても良いと思ふが、八月祭の踊りは豊橋以西では唯一、大太鼓が小太鼓の間を抜ける（B）所作を持つ。これは笹踊り歌の作詞者である砥鹿神社の草鹿砥宣隆の縁によると思はれる。

　笹踊り北新城タイプは、富永神社橋向の笹踊りに見られる（後傾しつつ）片手を交互に頭上に上げる（F）所作を特徴とし、そこに吉田天王社の大太鼓が小太鼓の間を抜ける（B）所作を持つ。ここに上長山以外は前傾を伴ふ。実は三谷も後傾と前傾を伴ふのだが、三谷は新城とは地理的にも、踊りの内容からしても無関係と思はれる。

　今一つ、これは北新城タイプといふより新城市の笹踊りの特徴と言ふべきかもしれない。それは、踊り手の子供達が赤布で顔を隠さずに白塗りであることである。大木進雄神社で既に記したやうに、新城の橋向から伝はつたといふ西原は、本祭りに二重に赤布で顔を隠す。ところが、西原から伝はつたといふ上千両は、笠のタレで顔を隠すが薄化粧である。顔隠しの赤布はつけない。両所とも、現在、踊りは豊川の踊りに変はつてゐる。このことは、西原の踊り手もかつては白塗りであつたことを示唆してゐるのかもしれないと思ふ。さうであれば、この白塗りもまた北新城タイプの特徴と言へさうである。

　最後のカッコに入れた上長山上の若宮八幡神社は、明治末頃に踊りが大幅に簡略化されたといふ。その結果として他の二社にある（後傾しつつ）片手を交互に頭上に上げる（F）所作が省かれ、更には大太鼓が小太鼓の間を抜ける（B）所作も中途半端な形になつたものと思はれる。それゆゑに、若宮八幡神社は、現状では北豊川タイプに属するとも、北新城タイプに属するとも言へさうである。しかし、ここは地域的に見て、最初は北新城タイプに属してゐたはずである。

　上記以外に一覧の内容から確認しておきたいのは、笹踊り歌に於ける神職の関与である。作者が分かるのは新タイプである。伊奈の川出直吉、上長山三社の山本貞蔵、繁蔵の兄弟、そして時代的にいささか古いので新旧折衷とした御馬八月祭の草鹿砥宣隆、この4人である。私は、山本繁蔵が神職であつたといふ確認ができてゐないし、この2人が笹踊り歌の作者であるといふ確認もできてゐない。しかし、地元では2人とも神職であつたと言はれてゐるし、笹踊り歌の作者であるとも言はれてゐる。川出直吉は菟足神社、草鹿砥宣隆

は砥鹿神社の世襲の神主であつた。このそれぞれが作詞者として関与してゐる。だからこそ、その内容が極端になれば神道的といふ印象を与へ、より柔らかく表現しても敬神の念を持つと言へる。御馬八月祭以外は明治10年以降の作ではないかと思はれる。大宮石座神社と富永神社の神主鈴木得一郎も時期的に重なる。得一郎は前記4人ほどではなささうだが、最低限、橋向と石座神社との仲介の労を執つたといふ程度の関係だとは言へるのではないか。ただ、得一郎と橋向の笹踊りとの関係に関しては何も分からない。神主得一郎の意向と関与があつたのか、なかつたのか。何も出てこないからには、神主の意向と関与はなかつたのであらうと思ふが、今となつては知る由もない。

　では、なぜこの時期に笹踊りが広がつたのか。これはやはり廃仏毀釈の影響によるのではないか。ごく大雑把に分かり易く言つてしまへば、廃仏毀釈に於ける神職側の盛り上がりが、そのネットワークを通じて笹踊りを拡散させたといふことである。その割には少ないではないかと言はれさうだが、それは地域の事情や個々の神職の考へ方等によるのであらう。どこも同じといふわけにはいかないのである。取り入れた地域では、その笹踊り歌に敬神の念を込めることによつて、改めて側面から廃仏毀釈を援助しようとしたのではないか。明治10年代以降となれば廃仏毀釈はほぼ確定し、それゆゑにこそ、人心を神社に引き寄せるための一つの手段として、新タイプの笹踊り歌が必要であつたかと私は考へる。

　そのネットワークの中心に羽田八幡宮の羽田野敬雄を想定することは可能であらう。何しろ三河の廃仏毀釈を主導した人物である。当時の神職に対する影響力は大きかつたはずである。しかし、羽田野は明治15年没である。このやうな笹踊りの拡散は、たぶん、羽田野が亡くなる前あたりから始まつた。それだけ影響力が大きかつた証左なのであらうか。しかし、羽田野の笹踊りへの関与の証拠はない。羽田野の当時の神職への影響力が、間接的に笹踊りに向かつたのかもしれないとは思ふ。

　こんな流れがあつたとすると、気になる歌が一つある。有名な郷土史家豊田珍彦の「東三河道中記　全」である。これは昭和10年刊行、東三河は語るべき遺跡に「決して乏しいのではなく知られてゐないのであるからこれらの名勝旧跡の一般を郷土人に語ると共に外来者の方々に紹介する案内書」(5頁)として編まれた書である。本文の牟呂には一切の言及はないが、巻末の「附録　東三古謡集」に次の歌がある。

　　牟呂村　雨乞の歌
　ちはやふる　神の御前でささおどり
　　　神のめぐみで　いよ雨がふる
　わしは沢水　出はでて来たが
　　　岩にせかれて　落ちあはぬ

いつも出てくる　背戸がの水が
　　　　　こよい出て来て　名をながす
　　　いよさゝおどり　神のめぐみで雨がふる
　　　　　市場
　　　おどろ／＼となるかみなりは
　　　　　おきのくらやみ雨となる（283頁）

　これは倉光説人「三河の笹踊」神歌篇笹踊神歌集初句索引類歌210頁にも載る。類歌の位置づけであるが、笹踊り歌詞章中にこれを類歌とできる詞章はない。「雨乞の歌」の詞章中に「いよさゝおどり　神のめぐみで雨がふる」によつてここに入れたのであらう。内容的には確かに雨乞ひ歌である。しかし、これによつて雨乞ひが行はれたのがいつであつたのかは分からない。この歌の伝承は不明だが、一見して新タイプでありさうに見える。韻律が定型律、第1章は短歌形式五七五七七、第2章、第3章が近世歌謡形式七七七五、最後に第1連短歌の下の句の前に「いよさゝおどり」をつけて七七七五で終はる。「市場」とあるのは市場地区の歌の意であらう。これも七七七五である。内容的には、雨乞ひ歌である、神の恵みを讃へて雨を降らせよといふ気持ちにあふれてゐる。短章の集まりと言つて良いかどうか。新タイプらしき歌に見える。
　そこで「牟呂史」（平成8）を見る。すると、その近世編第八章第三節に「雨乞」があり、そこにかうある。

　　羽田野敬雄の『栄木園聞見類集』の中に、牟呂村の雨乞について次のやうな記事がある。
　　又同村ニテ旱バツノ時ハ雨乞躍ト云フ事アリ。アミ笠ヲカブリ御幣ト扇ヲモツテ、三人ニテオドリ太鼓ニテ拍子ヲトレリ。
　　其ノ唄ハ
　　ちはやふる神の御前でささおどり神のめぐみでいよ雨がふる
　　わしは沢水、出は出て来たが、岩にせかれておちあわぬ
　　いつも出てくる背戸がの水が、こよい出て来て名をながす
　　おどろおどろとなるかみなりは、おきのくらやみ雨となる
　　この外ニモ唄アマタアリ。いづれもいよささおどり神のめぐみで雨がふるトウタヒカエスナリ（264～265頁）

　これからすると、羽田野の時代には、つまり幕末にはこの雨乞い踊りが実際に行はれてゐたらしい。この記述からすれば、踊り手3人が持つのは御幣と扇で、別に太鼓と歌がゐたのであらう。あるいは、御幣と扇を持つたうへに太鼓も打つたのであらうか。はやし言葉

173

はないやうだが、最後の「いづれもいよささおどり神のめぐみで雨がふるトウタヒカエスナリ」の一文から、「いよささおどり神のめぐみで雨がふる」といふ返しがあつたと知れる。しかも、雨乞ひ踊りは笹踊りと認識されてゐるらしい。もしさうであるなら、これが雨乞ひに特化された踊りであるがゆゑに、神に対する敬意が中心となるのは当然のことで、ひたすら神に雨を乞ふしかない状況でのことである。そこに＜作為＞を見る必要はない。雨降れといふ自然な感情の発露である。また、「この外ニモ唄アマタアリ」とあるからには、その内容は不明ながら、これは短章の集まりと見るべきであるらしい。つまり、これが笹踊り歌だとすれば旧タイプに属することになる。実際の現場で、この書かれた順番通りに歌はれたかどうか、これも分からない。その場で適当に歌はれたのかもしれない。ただし、これは雨乞ひが必要な時にのみ歌はれたのであつて、年に1回、定期的に例祭で行はれたわけではない。普通の笹踊りとの大きな違ひである。

　牟呂の雨乞ひ歌に関して、羽田野の言及はあるが豊田珍彦の言及はない。だから、実態が分からない。ただ、本当にかつて行はれてゐたのであれば、それは雨乞ひが必要であつたからである。雨乞ひ不要になればこの雨乞ひ歌も不要になる。さうして消えていつたのであらう。

　その一方で、この歌が後の新タイプの詞章に影響を与へた可能性を考へる。御馬八月祭の草鹿砥宣隆は羽田野のネットワークに属する。「幕末三河国神主記録」（清文堂史料叢書69）を見ると草鹿砥は頻出する。この歌を知つてゐた可能性はある。草鹿砥ほどの人ならばこのやうなものは不要かもしれない。しかし、もしかしたらこの詞章が草鹿砥に作詞の発想の核を提供したかもしれないと思ふ。明治に入つてから、川出直吉や山本兄弟等もこれに倣つて笹踊り歌の詞章を作つたのかもしれない。そのやうに考へると、早く失はれた一種の笹踊りとして、牟呂の雨乞ひ歌は思ひ出されて良い。

　最後に確認である。最初に書いたやうに、笹踊りは芸能史的に囃子物に分類される。「日本民俗大辞典」下「はやし　囃し」の項（青盛透執筆）を見る。

　芸能分類の一つ。囃子物・拍子物ともいう。芸能史的には中世に流行した民衆の芸能で、中世後期には人形などの造り物や仮装といった風流を伴って風流囃子物と記録されることが多い。太鼓・鞨鼓・笛・摺鉦・ササラの楽器を奏して、単純で短い歌謡に囃子言葉を繰り返し挿入して歌い踊る様式で（中略）歌唱法が音節的で、リズムが強調されているのが特徴。特に囃子物では鞨鼓が中心的な役割をもち、それを囲んで囃す多数の囃し手によって構成される。（中略）現行の狂言にも囃子物とよぶ挿入舞踊があり、「大黒舞を見ばやな」とか「げにもさもあり、ようがりもそうよの」の特徴のある囃子詞をもつ。三河地方に分布する笹踊りや滋賀県甲賀地方のケンケトなど、各地の民俗芸能にこの囃子詞をもつものがあり、中世囃子物歌謡の一つの様式と考えられる。（390頁）

引用が長くなった。これを読めば、吉田天王社、吉田神社の笹踊りが、現状に中村一男氏の歌はれた笹踊り歌を重ねることによつて、風流（ふりう）の囃子物であることが確認できる。更に、確認のために「風流（ふりう、フリュー）」（山路興造執筆）も同辞典からその一部を引用する。

> 人の目を驚かす意匠に眼目を置いた趣向の意。芸能に取り入れられて一つの様式とされた。（中略）風流は一つの美の表現形式であり、芸能思潮の流れである（中略）佐賀県や長崎県の浮立をはじめ、全国的に残る多くの太鼓踊り・雨乞い踊り・念仏踊り・祭礼の山車などの趣向に、風流の精神は脈々と生き続けている。（同492頁）

この吉田天王社の風流の囃子物たる笹踊りの影響下に、旧タイプの笹踊り歌もある。具体的な伝播経路は不明だが、吉田天王社がその中心にあることは、これまでの本書の記述から確認できよう。新タイプは新タイプで、吉田神社、富永神社等の影響下に生まれた。新タイプを中心に、一部の旧タイプも含めて改めてその伝播の様を記せば以下の如くである。

吉田神社から　　当古、大村、老津
当古進雄神社から　　豊津
富永神社から　　西原、大宮、上長山三社
牛久保八幡社？から　　西原
大木進雄神社西原から　　上千両
菟足神社平井・三谷松区から　　伊奈

ここに出てこない旧タイプの歌を持つ神社の笹踊りは、江戸時代半ば以降のいつの頃にか、吉田天王社から伝はつたのであらう。例へば、牛久保の若葉祭笹若組の笹踊り歌、豊川進雄神社の笹踊り歌、そのはやし言葉に於ける1オクターブの跳躍は吉田天王社のはやし言葉の跳躍音程の名残ではないかと、私には思へる。更に言へば、笹踊り歌はリズムだけの歌も含めて、2度音程、4度音程、5度音程の少ない音でできた歌が多い。これも吉田天王社の笹踊り歌の影響によるものではないかと思はれる。

笹踊りと一口に言っても、実際はそんなに簡単なものではないのである。反面、見方を変へれば、笹踊りもまた単純化することができるのであつた。とはいふものの、踊りの一つ一つの所作には何らかの意味があるのであらう。例へば「老津村史」等には、笹踊りで反閇（へんばい）が踏まれてゐる（548頁）とある。北豊川タイプの笹踊りに見られる腰を下げて大きく足踏みをする所作（D）は確かに反閇かもしれない。もしかしたら他の所作にもそんな意味があるのかもしれない。また、笹踊り歌の旋律にも何らかの意味があるのかもしれない。それらについては一切触れてゐない。いや、触れることができない。本書の基本は現状報

反閇
陰陽師が邪気をはらひ除く為に呪文を唱へて大地を踏みしめ、千鳥足に歩く呪法。これが様々な芸能に取り入れられた。例へば、能の翁や花祭榊鬼のヘンベ。

告とそれによる現状分析にあるからである。改めて御海容を乞ふ次第である。

1
上伝馬会所
平成29年

主要参考文献・参考動画

倉光説人「三河の笹踊り」上中下(豊橋市中央図書館蔵手稿本、刊年等記載なし)
間宮照子「三河の笹踊り」(『民俗芸能』33〔68 夏〕所収)
柴田晴廣「牛久保の若葉祭」(2009)

早川知尭「三河国二葉松」(元文 5 跋)
早川直八郎他「三河国宝飯郡誌」(明治 24)
愛知県八名郡編「八名郡誌」(大正 15)
愛知県南設楽郡役所「南設楽郡誌」(明治 43)
額田郡教育会編「三河国額田郡誌」(大正 13)

編纂委員会編「角川日本地名大辞典」23 愛知県
編集委員会編「愛知県の地名　日本歴史地名大系」23
小寺融吉「郷土民謡舞踊辞典」(昭和 16)
福田アジオ他編「日本民俗大辞典」
編集委員会編「新編国歌大観」

文部省文芸委員会編「俚謡集」三一書房復刻版(大正 3、昭和 53)
高野辰之編「日本歌謡集成」
秋里籬嶌「東海道名所図会」(寛政 9)(「日本名所風俗図会」17 所収)
山本貞晨「三河国吉田名蹤綜録」(文化頃？)(豊橋市史史料叢書四所収)
中山美石「参河吉田領風俗」(文化 15)(近藤恒次編「三河文献集成　近世編」所収)(中山太郎「校註　諸国風俗問状答」〔昭和 17〕所収「三河吉田領風俗問状答」)
編集委員会編「豊橋市史」
小山弘志「日本古典文学大系」42 狂言集上
須藤功「大絵馬ものがたり」4 祭日の情景
伊藤博敏「大村史」(昭和 13)
編纂委員会編「老津村史」(昭和 33)
豊田珍彦「東三河道中記　全」(昭和 10)
編纂委員会編「豊川市史」(昭和 48)
編集委員会編「新修豊川市史」第九巻民俗
ふるさとの話千両編集同人編「ふるさとの話千両　千両町誌」
鈴木範一「豊川市当古進雄神社記」(昭和 37)
編集委員会編「三河一宮　神社散歩」
編纂委員会編「小坂井町誌」

山本宏務写真集「菟足神社　風まつり　田まつり」

保存会編「御馬の笹踊　愛知県宝飯郡御津町御馬」

鈴木太吉「草鹿砥宣隆『杉之金門長歌集』の翻刻と研究」(一)～(三)(『愛知大学綜合郷土研究所紀要』第 39 輯～第 41 輯所収)

豊川流域研究会森長千臣編「おんま物語」

三谷町誌編纂業実行委員会編「三谷町誌」(「今昔の三谷」「続今昔の三谷」)(昭和 4, 平成 19)

三谷祭松区保存会編「三谷祭の歴史」

竹内尚武「三谷祭」

大原紋三郎「富永神社誌」

編集委員会編「新編岡崎市史」額田資料編 3 民俗

東洋音楽学会編「日本の音階」(東洋音楽選書 9)

岸辺茂雄他編「音楽大事典」(全 6 巻)

YouTube 参考関連動画

1
吉田神社 2016
https://youtu.be/82OjksLwn0E

1
吉田神社 2015
https://youtu.be/XYbRV_VtD68

1
吉田神社 2015
https://youtu.be/ewTI-00fsP4

1
吉田神社 2014
https://youtu.be/FjKIZhqUEus

2
八所神社 2016
https://youtu.be/QXeFZTd5Wn8

2
八所神社 2015
https://youtu.be/VUbWbowd-08

2
八所神社 2013
https://youtu.be/QHSBEocmSCQ

3
老津神社 2014
https://youtu.be/VcnmVpA3zLE

3
老津神社 2013
https://youtu.be/VrBYCw4l3kk

3
老津神社 2012
https://youtu.be/YYHKYRclilY

4
牛久保八幡社 2013
https://youtu.be/sGZb-ljiSAQ

5
上千両神社 2015
https://youtu.be/NnCt-eqQSm0

5
上千両神社大木進雄神社 2012
https://youtu.be/rebrigJgzr0

6
豊川進雄神社 2017
https://youtu.be/l3o4XbJOADk

	6 豊川進雄神社 2016 https://youtu.be/oKhLR4bSvmM		13 菟足神社 2016 https://youtu.be/kqHZQbf1Wmc
	6 豊川進雄神社 2014 https://youtu.be/nKNc9aMbbS4		13 菟足神社 2013 https://youtu.be/Vu-u3FGKZ1g
	6 豊川進雄神社 2013 https://youtu.be/0AZWlkG7hcM		14 若宮八幡社 2013 https://youtu.be/w0bDUvLUkOA
	7 当古進雄神社 1994 https://youtu.be/2GZ01kZurJc		15 引馬神社八幡社 2013 https://youtu.be/sz096cHw_Dc
	8 大木進雄神社 2015 https://youtu.be/Lrkrs3aJY8E		15 引馬神社八幡社 2013 https://youtu.be/CrAVdYk_8GU
	8 大木進雄神社上千両神社 2012 https://youtu.be/rebrigJgzr0		15 引馬神社八幡社 2013 https://youtu.be/zPjzlKp9nTk
	9 若宮八幡神社 2013 https://youtu.be/8yQbV5W06YI		16 八剣神社若宮神社 2012 https://youtu.be/TIoYMTUoFeE
	10 素盞嗚神社 2015 https://youtu.be/tE5XFgbLUrE		16 八剣神社若宮神社 2012 https://youtu.be/JlQDFJyLDig
	11 白鳥神社 2012 https://youtu.be/JGOIr18Czlc		16 秋津神社 2013 https://youtu.be/gSxRdbGW1Rg
	12 豊津神社 2017 https://youtu.be/g5vJ1QPRMb0		17 富岡天王社 2016 https://youtu.be/zs1ixr5Cl1Q
	12 豊津神社 2017 https://youtu.be/5m_mOHSCRaQ		17 富岡天王社 2015 https://youtu.be/-SfnSgulduw
	12 豊津神社 2014 https://youtu.be/7vbBwTL3Gsw		17 富岡天王社 2012 https://youtu.be/vC3IHpiBTEc
	12 豊津神社 2012 https://youtu.be/FuqA9u3pZNM		18 富永神社 2017 https://youtu.be/jVZiqho2XwA

18
富永神社 2016
https://youtu.be/seTXgUonVxA

 18
富永神社 2016
https://youtu.be/SeOs-ChSGBo

 18
富永神社 2012
https://youtu.be/5kvo1hGxYoI

 19
石座神社 2013
https://youtu.be/PvMudK4VOJ0

 19
石座神社 2012
https://youtu.be/kWx0bG8Ky5E

 20
石座神社 2012
https://youtu.be/dSZ5_4UQMmU

協力者(ご協力してくださった方々)

1. 吉田神社・中村一男・中島祥次
2. 大村校区市民館(鈴木重則)
3. 老津公民館
4. 彦坂峰行・澤山哲也
5. 岩瀬繁俊
6. 柴田和彦・石田栄治
7. 天野恒男・外山一男
8. 鈴木雅昭・西原笹踊り保存会
9. (故)権田一雄・前川正利
10. 丸山昌男
11. (故)加藤正夫・加藤徳夫
12. (故)伊藤里美・内藤賀大
13. 平井区
14. 伊藤洋一郎
15. 笹踊り七福神踊り保存会・小野一雄
16. 昼間起佐雄・昼間啓次・三谷公民館
17. (故)浅見計雄・富岡ふるさと会館
18. 浅岡勝
19. 中島豊
20. 梅村氾

梅村則義・黒田隆雄・柴田晴廣・高田孝典・鶴田知大(五十音順)
須藤功・宮田明里
すべての関係地区の皆さん
豊橋市美術博物館

あとがき

　私は移植者である。1994年、平成6年の9月半ばに献腎移植出術を受けた。それ以来、多くの医療関係者のお世話になつてきた。移植した名古屋大学医学部附属病院、そしてその後の名古屋第二赤十字病院、増子記念病院を初めとする多くの医療機関のお世話になつた。改めてお礼申し上げたい。

　本書の成るに当たつては、直接、間接にかかわらず、実に多くの方々のお世話になつた。協力者として名を挙げた方々はもちろんのこと、挙げてない多くの方々のお世話にもなつてゐる。その方々のご協力があつたからできたと言つても過言ではない。改めてお礼申し上げたい。

　最後になつたが、本書に形を与へてくれた味岡伸太郎氏をはじめとするスタッフの皆さんのご協力にも感謝したい。これらなくして本書はありえなかつた。そして、それ以上に家族の応援にも感謝したいが、これは言葉ではあらはしえないものである。従つて、改めて本書のできる以前からの応援に感謝をしておく次第である。ありがたう。

　　平成30年1月　　　　　　　　　　　　　著者誌す

略歴
歌人。塚本邦雄選歌誌「玲瓏」会員、塚田哲史個人誌"aqua"。
tetuwanaquaman_701@yahoo.co.jp

東三河地方の
笹踊りと
笹踊り歌
塚田哲史

2018年　3月31日　第一版発行

著　者　塚田哲史

発行者　味岡伸太郎
発行所　春夏秋冬叢書
　　　　〒441-8011
　　　　愛知県豊橋市菰口町1-43
電話　　0532-33-0086
URL　　http://www.h-n-a-f.com

定価　　本体3,000円（税別）

表紙絵　宮田香里

落丁本・乱丁本は、ご面倒ですが、小社宛にお送りください。
送料小社負担にてお取替えいたします。
本書内容の無断複写・転載を禁じます。
ISBN978-4-901835-48-0 C0039